Mensaje importante de Randy

Normalmente en esta página encontrarías testimonios de gente que leyó el manuscrito de este libro con anterioridad; sin embargo, en esta ocasión elegí no incluirlos.

Es un tema que será controversial para algunos y aterrador para otros; es más, los líderes de campo podrían dudar en apoyar públicamente este tratado ya que cabe la posibilidad de que queden expuestos a repercusiones no sólo del staff corporativo de su compañía, sino también de facciones renegadas a la interna de su propio equipo. En el mismo sentido, algunos propietarios y ejecutivos de empresas podrían sentirse amenazados por sus líderes de campo al encontrar importantes revelaciones en estas líneas. El hombre detrás de la cortina, por lo general, quiere mantener esa anónima postura.

También varios líderes valientes se han ofrecido a poner su opinión por escrito, pero no me sentí cómodo en aceptar sus generosas ofertas; pues este libro pondrá fin a la carrera de algunos en este negocio y será el último clavo en el ataúd para ciertas empresas, sin duda. En simultáneo, será el catalizador que encenderá el camino de la próxima generación de líderes poderosos dentro de la industria; y, por qué no, el nacimiento de grandes empresas.

Este libro está dirigido a una pequeña pero importante sección de profesionales: los líderes, de campo y corporativos, con el poder de cambiar el juego. Causará importantes daños colaterales a las fuerzas negativas de la profesión tanto que atacarán con firmeza. No pondré a más gente en el campo de batalla, lo enfrentaré sólo, porque creo en la profesión como quizás nadie más lo hace. ¡También creo en ti! —RG

También por Randy Gage ...

*Éxito en Venta Directa

*Haciendo que el Primer Círculo Funcione

*¡Lidera a Tu Equipo! Acepta tu Abundancia

37 Secretos Sobre la Prosperidad

Mente de Prosperidad

101 Claves para tu Prosperidad

Las 7 Leyes Espirituales de la Prosperidad

¡Cómo Ser Inteligente, Saludable y Rico!

El Riesgo es la Nueva Seguridad

Genio Loco: Un Manifiesto para

Emprendedores

*Cómo Construir una Máquina de Dinero Multinivel

Also by Randy Gage

Direct Selling Success

Making the First Circle Work

Lead Your Team!

Accept Your Abundance

37 Secrets About Prosperity Prosperity Mind

101 Keys to Your Prosperity

The 7 Spiritual Laws of Prosperity

How to Get Smart, Healthy & Rich!

Risky Is the New Safe

Mad Genius—A Manifesto for Entrepreneurs

How to Build a Multi-Level Money Machine

*Edición en español e inglés

DEFCON 1
VENTA DIRECTA

Autor de Best Sellers del New York Times

RANDY GAGE

MANUAL PARA LÍDERES DE CAMPO

Acantaros
Ediciones

Título original: Defcon 1 Direct Selling.
Titulo en español: Defcon 1 Venta Directa.

Traducción: Paula Morelos Zaragoza. www.paulamzaragoza.com
Corrección de estilo: Jorge Rachid Ramadan Mahauad

Responsable Edición en español: Miguel Ángel Acantaros Vargas.
www.acantarosediciones.com

© 2021 por Randy Gage
© 2020 por Miguel Ángel Acantaros Vargas

Primera impresión: enero 2021

Certificado de Registro de Propiedad Intelectual:
Código 2010125600779

Límite de responsabilidad / Descargo de responsabilidad de la garantía: Si bien el editor y el autor han hecho todo lo posible para preparar este libro, no hacen representaciones ni garantías con respecto a la precisión o integridad del contenido de este libro y rechazan específicamente cualquier garantía implícita de comerciabilidad o aptitud para un propósito particular. Los representantes de ventas o los materiales de ventas por escrito no pueden crear ni extender ninguna garantía. Los consejos y estrategias que figuran en este documento pueden no ser adecuados para su situación. Deberías consultar con un profesional apropiado. Ni el editor ni el autor serán responsables de ninguna pérdida de ganancias u otros daños comerciales, incluidos, entre otros, daños especiales, incidentales, consecuentes u otros daños.

Reservados todos los derechos. Queda rigurosamente prohibida, sin la autorización por escrito del autor, bajo las sanciones establecidas en las leyes, la reproducción parcial o total de esta obra, ni su incorporación a un sistema informático, ni su transmisión en cualquier forma o por cualquier medio, sea éste electrónico, mecánico, por fotocopia o por grabación, excepto en el caso de breves reseñas utilizadas en críticas literarias. También queda prohibida la distribución de ella mediante alquiler o préstamo público.

Impreso en México/ Printed in Mexico

*Este libro está dedicado al peor patrocinador que he tenido.
Ni siquiera sabes quién eres, pero nunca te olvidaré.
Y sé que, porque eras débil, crecí fuerte.*

Índice

Introducción: Viviendo ~~la pesadilla~~ (el) Sueño   XI

Capítulo 1   Todo Depende de Ti   1

Capítulo 2   La Sagrada Responsabilidad del Patrocinio   13

Capítulo 3   Cómo Convertirte en un Líder Modelo   29

Capítulo 4   Liberando Tu Arma Secreta: Cultura   47

Capítulo 5   Construyendo la Gallina de los Huevos de Oro (y Protegiéndola)   59

Capítulo 6   Creando Momentum y Crecimiento Exponencial   69

Capítulo 7   Dinámicas de Campo Peligrosas y Cómo Resolverlas   79

Capítulo 8   Protegiendo a Tu Equipo Contra Zombis, Dinosaurios, Parásitos y Terroristas   99

Capítulo 9	Por qué el Noventa Por Ciento de las Compañías Actuales Estarán Extintas Para el 2025	111
Capítulo 10	Por qué los Brillantes Visionarios Fundadores y Directores Ejecutivos Suelen Fallar	123
Capítulo 11	Manejo de Errores Corporativos, Incompetencia o Malversación	133
Capítulo 12	Cuando los Misiles Están en el Aire	159

Epílogo	171
Recursos Recomendados	175
Contenido de Regalo	177
Reconocimientos	185
Sobre el autor	187

INTRODUCCIÓN
VIVIENDO ~~LA PESADILLA~~
(EL) SUEÑO...

Era un Plymouth Satellite '71 y lucía hermoso tras salir de la línea de ensamblaje en Detroit. Por la suma de $1,500 dólares logré comprarlo en 1979, con mi madre firmando como garante y financiado a tres años; sin embargo, para 1980 mientras conducía rumbo a las presentaciones de negocio, ya calificaba como un automóvil destrozado.

Siempre me estacioné en la parte trasera del aparcamiento del hotel o en el muelle de carga por una razón. Como me reuniría con prospectos a quienes mostraría las claves para "vivir el sueño" no quería que se dieran cuenta de que, con seguridad, tenían más dinero que yo.

Lo más loco de todo esto es que si tú me hubieras preguntado en esa época, respecto a la posibilidad de escribir un libro en el año 2020 cuyo contenido sería destilar los secretos de mi éxito y liderazgo en la Venta Directa te habría contestado: "¡Por supuesto!"

Quizás no es la respuesta que esperabas, así que estás en lo correcto al pensar en que era una contestación irracional, tonta e ingenua para esa época.

¡Y Esa Es La Razón Por La Que Escribo Este Libro!

También es el motivo por el que puedes leerlo con confianza, sabiendo que te apoyará a ser irracional, tonto e ingenuo como yo para que vivas tus sueños; de hecho, la cantidad de personas que viven sus sueños siendo sabias y escépticas, en el mundo, no supera al aforo que permite un vagón del metro.

Mi historia es una de esas novelas románticas que a todos les encanta escuchar porque transcurre "de los harapos a la riqueza". Sí, la de un niño que fue expulsado de la escuela secundaria, cumplió condena por robo a mano armada, pero transformó su vida para ser feliz, exitoso y rico; sin embargo, la mayoría de aventuras similares omiten las etapas intermedias que sus protagonistas debieron superar, entre desorden, drama y traumas, antes de llegar al famoso final del "vivió feliz para siempre".

Pero esto es un manual de campo.

Por lo tanto, habrá varios que impedirán que este libro llegue a tus manos, pues temen que te asuste lo que estás a punto de descubrir ya que haría estallar la narrativa idealista que ellos mismos intentan venderte.

Así Es Que Quiero Que Sepas La Verdad...

Me refiero a que sí puedes tener éxito, formar un gran equipo y hacer realidad tus sueños para vivirlos al máximo. Sin duda requerirá trabajo real, dedicación, resistencia infinita e irá más allá de establecer objetivos y actitud positiva. ¡Necesitarás un plan de juego real! Pero ten en cuenta que el crecimiento de tu negocio no siempre estará acorde a dicho programa, entonces tendrás que aceptarlo y construir uno nuevo.

VEO GENTE MUERTA...

Me refiero a personas despistadas, inmersas en un profundo estado de coma provocado por la decepción "a cargo del sistema". Ese que te invita a endeudarte en $80,000 o $100,000 por un título universitario que estará desactualizado antes de que te gradúes, con el objetivo de que vendas tu alma a una serie de trabajos que no te gustan, u odias, a través del intercambio de tiempo por dinero; entonces, tu esperanza es mantenerte con la cabeza por sobre el nivel del agua, financieramente hablando, durante cuarenta o cincuenta años hasta que llegue el momento de "la jubilación", donde todavía necesitarás suplementos monetarios para sobrevivir.

Creo que hemos perdido la trama ...

¿Realmente hay que trabajar seis días a la semana para disfrutar uno? ¿Cincuenta semanas al año para vacacionar dos? Tenemos un sistema educativo que prepara a las personas para ser robots obreros en lo colectivo. La mentalidad entorno a los títulos se está tornando loca y hemos olvidado lo que significa vivir una vida con significado. Aclaro que no hay nada malo en trabajar por un salario justo a cambio de un esfuerzo honesto pues por algo hay que empezar, sea en un autocine, o fregando baños y lavando platos en un restaurante de panqueques como lo hice yo. Distinto es ser inmune a la oportunidad que implica desarrollo y progreso para convertirnos en la versión más alta posible de nosotros mismos, en lo que hacemos, incluida la carrera.

Entiendo que el emprendimiento no es para todos, me queda claro, pero al mismo tiempo hay millones de personas insatisfechas con su puesto de trabajo a quienes una oportunidad empresarial les proporcionaría una alternativa mucho mejor. ¡La tienen al frente pero no se dan cuenta de su disponibilidad porque han aceptado la "normalidad" del sistema! Con este manual de campo te mostraré exactamente cómo compartir con ellos, de manera exitosa, esta oportunidad y no me refiero a técnicas de venta de alta presión, mucho menos a la exageración de lo que representa, sino a través de educar a tus candidatos sobre las posibilidades que tienes para ofrecerles.

No es tu trabajo patrocinar a todos los que conoces; sí ofrecerles lo que tienes y permitirles elegir sobre quedar dentro o fuera, para luego ayudar a aquellos que optaron unirse a ti.

Comprométete ahora a crear esta cultura en tu equipo: No "cerrar" a las personas, sí "abrirlas" a las posibilidades.

Las ideas que descubrirás a continuación están destinadas no sólo a prepararte para las sucias realidades que enfrentarás, sino también para demostrarte que no eres la primera persona en dar la cara a circunstancias tan desalentadoras. Todo gran líder debe encarar desafíos extraordinarios antes de salir victorioso.

Permíteme compartir cómo surgió este libro.

Era enero de 2019 y estaba revisando la edición final de *Éxito en la Venta Directa*, mi libro más reciente en aquel tiempo. Como de costumbre, envié copias de prueba a más de veinte personas de altos ingresos, en varias compañías de la industria, para obtener su opinión. Ante sus respuestas, de inmediato supe que sería un éxito mundial en todo sentido; de hecho, querían conocer la fecha de publicación además de pedirme autorización para compartir secciones clave con sus principales líderes e iniciar jornadas de capacitación basadas en el contenido.

¡Y Entonces Ocurrió Algo Fascinante!

Durante tres días seguidos recibí desesperados mensajes de tres de esos líderes a quienes envié el ejemplar, quienes solicitaban mi ayuda respecto a una candente situación que había surgido en sus equipos, pidiéndome consejos que se aplicaran a tan inusual momento.

En cada uno de estos casos, el líder y su equipo enfrentaron un tipo de situación "DEFCON 1". La escala DEFCON (abreviatura de "Condición de preparación para la defensa" mide el nivel de alerta de las fuerzas para detener un ataque; entonces, DEFCON 1 es el máximo nivel utilizado para describir la preparación ante una inminente guerra nuclear. Obviamente ellos no enfrentaban siquiera algo parecido a una guerra real, pero afrontaban condiciones excepcionales de crisis que amenazaban la continuidad, y existencia, de su negocio.

Tres escenarios distintos, pero igual de críticos. En el primero de ellos, muchos de los principales líderes del equipo perdieron la confianza en la empresa, así que decidieron abandonarla, en masa, para irse a otra. En el segundo caso, la compañía había realizado cambios importantes en el plan de compensación lo que provocó una gran caída del volumen y muchas renuncias. En el tercero, varios de los máximos exponentes fueron influenciados por un entrenador externo quien les enseñó sistemas que, realmente, estaban erosionando su negocio. En consecuencia, o actuaban rápido o lo perdían todo. Te anticipo que, si desarrollas un equipo grande, en algún momento también enfrentarás un escenario del tipo "DEFCON 1" en tu negocio.

Y Es Por Eso Que Escribí Este Nuevo Libro.

El punto neurálgico es el liderazgo, particularmente en la Venta Directa, a la cual me referiré en la mayor parte de las siguientes páginas como Ventas Apalancadas ya que considero que es una etiqueta más apropiada para este modelo de negocio. Dicho esto, la mayoría de las personas están convencidas de que ser líder significa ser positivo todo el tiempo, enviar un montón de alegres emojis en sus grupos de WhatsApp y dar discursos motivadores. ¡Pues no! Es propaganda, con seguridad bien intencionada, pero nada más que ello. Y tendrás que hacerlo mejor que eso.

Con esto no digo que no hay lugar en el liderazgo para "rayos de luna, unicornios y arcoíris", pues sí lo tiene, pero esa perspectiva optimista y motivadora es sólo uno de sus elementos.

El Verdadero Liderazgo También Se Ocupa De Las Áreas Desordenadas, Complicadas Y Oscuras.

¿Cómo te mantienes fiel a tus principios y lideras un grupo de gente cuando su mundo se desmorona debido a un cambio en el plan de compensación, ataques regulatorios o un competidor se lleva a los principales líderes? ¿O cuando el 90 por ciento de la línea de productos está en espera, la empresa no puede cubrir las comisiones, o hay un sociópata en la línea de patrocinio por encima tuyo? Tendrás que ejercer un mayor nivel de liderazgo; uno que refleje la dicotomía yin y yang de liderar en el mundo real.

Entonces, ¿cuál es la definición que planteo para nuestra industria? La siguiente:

Liderazgo es inspirar a las personas para que se conviertan en la mejor versión posible de sí mismas construyendo el entorno que facilite este proceso.

Para ello, no puedes quedarte en el simple papel de transmisor de "noticias felices" o en el campo positivo y motivador de "Yo lo hice y tú también puedes hacerlo". Tu gente requiere más de ti. ¡Mucho más!

Este libro, que empiezas a repasar, contiene la brutal verdad, y sin adornos, sobre el liderazgo. ¡Como nunca nadie lo ha escrito antes! Es un manual para líderes de campo que trata sobre cómo manejar los elementos más desafiantes del negocio de Ventas Apalancadas; por lo tanto, compartiré contigo todo lo que he aprendido durante casi cuatro décadas de conducir grandes equipos en todo el mundo.

Voy a revelar todo el panorama del liderazgo, tanto los alegres momentos de empoderamiento como aquellos desordenados y desalentadores. Te daré casos de estudio, ejemplos del éxito que conseguí y también dejaré al descubierto los tontos, vanidosos y destructivos errores que cometí.

Te lo advierto: Gran parte de mi trabajo es para toda la familia; no obstante, en las sesiones privadas de entrenamiento y estrategia con mis principales líderes, utilizo un lenguaje crudo y sin censura, lo cual es una forma elegante de decir que uso malas palabras. Debido a que este ejemplar está destinado a ser utilizado tanto en situaciones de emergencia como en urgentes y amenazantes periodos de crisis, no endulzaré nada. Entonces, si la blasfemia ofende tu sensibilidad, tal vez no sea el libro adecuado para ti.

UNA DE LAS MÁS IMPORTANTES HABILIDADES DE UN LÍDER ES TENER LA CAPACIDAD DE DECIR LA VERDAD; SÍ, CON AMOR, COMPASIÓN Y EMPATÍA, PERO LA VERDAD, NI MÁS NI MENOS.

Este documento es una demostración de ese modelo de comportamiento para ti; por lo tanto, te lo digo de una vez: al tiempo que tu organización crece, sucederán cosas malas, tu empresa cometerá errores, igual que tu línea de patrocinio, otros involucrados en la profesión y tú también.

Los grandes líderes que no cometen errores sólo existen en las películas. En el mundo real, ser líder se trata de reconocer y asumir errores, no pasarlos por alto o esconderlos del equipo; en realidad, acéptalos y cuéntales:

Cómo sucedieron, por qué ocurrieron y por qué no volverán a repetirse.

Independientemente de quién sea el responsable, pasarán, y en ocasiones te enfrentarás a los escenarios DEFCON 1. No es de interés saber quién los causó, pero sí importará cómo manejas esas situaciones aprovechando tu resistencia, tenacidad y carácter para mostrarle al equipo que tienes la absoluta capacidad de liderarlos.

Mi propósito con estas páginas es guiarte a través del proceso de desarrollo de esas tres cualidades nombradas; sí, también proporcionarte algunos antecedentes sobre el funcionamiento interno, y poco conocido, de nuestra profesión, así como mostrarte las habilidades de pensamiento crítico que necesitas para adaptarte a circunstancias caóticas; y, la sabiduría para que tomes decisiones correctas.

En este punto ya te habrás dado cuenta de que no he comenzado con información sobre cómo manejar todos los escenarios de crisis del tipo DEFCON 1 que probablemente enfrentarás, porque la mejor manera de encarar una emergencia es evitar que ocurra.

Por lo tanto, los primeros capítulos tratan sobre los principios que puedes seguir, la cultura que puedes crear y el comportamiento que puedes modelar para reducir la cantidad de situaciones de emergencia que requieren tu intervención como líder. Pero, por supuesto, todavía te encontrarás con algunos escenarios negativos inevitables; en consecuencia, la segunda parte de este libro te preparará para resolverlos de la mejor manera posible.

Si estás preparado, vamos por ello.

-Randy Gage
Miami Beach, Florida
Noviembre 2019

Capítulo 1

Todo Depende de Ti

En la encantadora isla de Maui, rodeado de sus altas palmeras que se balanceaban con la brisa, me acosté junto a la piscina para potenciar mi bronceado mientras mis compañeros de equipo jugaban un vibrante partido de waterpolo. Y sí, literalmente bebía de un coco. Nuestra presencia en aquel paradisiaco lugar era el premio que la compañía nos entregó como recompensa, y celebración, de otro año estelar de desempeño. Leía serenamente bajo el sol cuando Jeremiah, uno de los vicepresidentes de la empresa, interrumpió mi descanso para darme una noticia.

Me comentó que acababa de recibir una llamada a través de la cual conoció que mi patrocinador estaba a punto de cambiarse a otra empresa. En ese mismo instante, el referido personaje, a quien la compañía lo había trasladado en primera clase a una isla con suite frente al mar, además de entregarle bonos, beneficios y paseos, contactaba gente para llevarla a su siguiente negocio aprovechándose de los beneficios y comodidades recibidas, y planeaba decírmelo al día siguiente.

Miré en silencio a Jeremiah durante un momento; luego, tras un profundo suspiro le dije: "¿Sabes? Algunos días odio este maldito trabajo".

Tenía todo el derecho de sentirme apaleado, decepcionado y traicionado. En esas condiciones me habría sido muy fácil pasar al modo mártir buscando misericordia a causa de la injusticia infringida sobre mí; sin embargo, esta es la realidad…

Yo Fui El Máximo Responsable De Este Giro En Los Acontecimientos.

¿La razón? Como líder había fallado en el trabajo de proteger a mi gente y crear un ambiente seguro para ellos. Desde el inicio acogí a este hombre como mi patrocinador porque decidí creer en que, de verdad, se había convertido en la nueva persona que aseguraba ser, lejos de aquel historial que ponía de manifiesto sus constantes cambios de una compañía a otra a lo largo de los años.

Este Fue El Verdadero Fracaso…

Siempre lo edifiqué, compartí escenario con él e impulsé que su rostro fuera visto como un líder de nuestra organización y de la empresa misma. Al hacerlo, sin saber, coloqué a mi equipo en una posición vulnerable. Había creado en ellos un sistema y una cultura que presentaban a este hombre no solo como un componente creíble dentro de la estructura de apoyo, sino también como un poderoso recurso para que construyan su negocio.

En las siguientes horas, tras un merecido descanso, los miembros del equipo despertarían con el descubrimiento de que alguien a quien habían percibido como un activo se había convertido en una amenaza, básicamente. Por favor, no malinterpretes mis palabras, pues no sugiero que mi patrocinador era un malvado y diabólico villano que buscaba atacar y lastimar a otros; de hecho, no lo era. Nada más había tomado una decisión que consideró adecuada y como la mejor opción para su futuro éxito y seguridad, la misma que entraba en conflicto con mi postura respecto al papel que jugué para elevarlo hasta ese tan alto nivel.

Yo era el absoluto y único culpable de este triste escenario dado que años antes tomé una decisión conveniente, sin pensar en las posibles consecuencias a largo plazo. El tiempo me cobró la factura.

Cómo Cambia El Comportamiento

El economista austríaco, Ludwig von Mises, es reconocido como uno de los máximos referentes del campo de la Praxeología, correspondiente al estudio de la estructura lógica de la acción humana. ¿Qué podría ser más relevante, para el liderazgo en nuestra profesión, que el comprender por qué los humanos actúan de tal o cuál manera? Herr von Mises planteó y desarrolló el concepto que muestra los pasos sobre los cuales un cambio de comportamiento se vuelve realidad, siendo los siguientes:

1. Insatisfacción con el estado actual.
2. Visión proyectada sobre una mejor realidad.
3. Establecer el camino para llegar allí.

Como líder en Ventas Apalancadas, debes comprender estos tres pasos con cada fibra de tu ser; por lo tanto, la llave maestra es tu capacidad de mostrarle a las personas que conoces el camino correcto para llevarlas a donde quieren ir.

Y lo más difícil es...

Que apliques la lección a ti mismo. Voy a que, en lugar de esperar a que alguien más lidere, eliges liderarte a ti mismo; en consecuencia, reconoce que no te gusta tu estado actual, visualiza cuál sería tu estado ideal y traza el camino para llegar a ese lugar. Dicho de otra forma, liderar a otros siempre comienza contigo.

OTRO EJEMPLO DE MALA TOMA DE DECISIONES Y LIDERAZGO DE MI PARTE

Estoy en modo confesión así que permíteme compartirte algo más. Uno o dos años antes de las vacaciones hawaianas, uno de los principales líderes de mi equipo se fue a probar suerte en otra compañía. Lo hizo porque sentía que era un fracaso sin darse cuenta de lo que hacía mal; en consecuencia, pensó que un cambio de escenario o patrocinador le permitirían descubrir lo que se estaba perdiendo.

La cosa es así...

Él tenía un gran equipo en constante crecimiento, lo que le representaba más de $50,000 dólares al mes; sin embargo, sintió que no estaba a la altura. ¿Por qué? Porque yo ganaba alrededor de $120,000 dólares en el mismo tiempo, convirtiéndome en su estándar para medir su propio éxito.

Una vez más me habría sido fácil pasar al modo víctima y lamentarme por su decisión, pero no tengo dudas de que lo perdí porque yo no era un líder suficientemente fuerte. Me queda claro que creé una cultura en la que alguien que ganaba esa cifra no se sentía reconocido, valorado o exitoso.

Era mi responsabilidad; entonces, cuando este tipo de eventos dramáticos sucedan en tu organización, los buenos y los malos, tú serás el responsable.

Adueñate Del Problema

Esta es la sorprendente verdad sobre el liderazgo: Sea cual sea el problema, siempre será tú problema, aun cuando no sea tu culpa ni lo hayas ocasionado. Como líder, debes ser la primera y la última línea de defensa de tu equipo, respondiendo al llamado de protegerlo de cualquier cosa que distraiga, debilite o dañe a sus integrantes. Eso no significa que esto sea justo, porque a menudo no lo es, pero es la causa por la cual se gana mucho dinero. Si no estás dispuesto a superar esta realidad, el liderazgo en Ventas Apalancadas, con seguridad, no es para ti.

Piensa de esta manera sobre el rol que desempeñas: Debes ser el amortiguador entre tu equipo y todo lo que se interponga entre ellos y su éxito potencial.

Tu equipo está en la capacidad de conseguir fuertes niveles de resistencia, tenacidad y esfuerzo, los cuales sólo se manifestarán si está dirigido de manera adecuada.

Cinco Errores Frecuentes

De mi experiencia, te presento a continuación los errores que cometen los líderes en la ejecución de su estrategia cuando se les presentan escenarios DEFCON 1:

1) Actuar como que no está sucediendo

Este es un caso de ilusiones e ideas delirantes. La premisa de esta línea de pensamiento es que, tal vez, el afiliado no se dará cuenta de que algo malo está ocurriendo. Pasa algo horrible, como un escándalo con el CEO o el colapso de la logística de la compañía y los líderes asumen que, sino topan el tema, su equipo no estará en conocimiento de ello.

Volé en el Concorde un par de veces, viajando a 2.2 Mach, y te aseguro que esa velocidad se queda corta respecto a la que un chisme necesita para esparcirse en tu organización. En realidad, esas sombrías noticias que pretendes mantener ocultas probablemente ya se habrán compartido cuatrocientas cincuenta y nueve veces en Instagram hasta ese instante. Cuando no reconoces que el problema es real, la gente sospecha muy rápido y piensa que no tienes suficientes inteligencia y conciencia para comprender la magnitud de lo que sucede. En definitiva, no es una forma inspiradora de liderar un equipo.

2) Mantenerlo en secreto

Esta es la peor alternativa al error descrito en el numeral anterior. Durante el escándalo de Watergate, los políticos acuñaron un cliché: "El encubrimiento es peor que el crimen". Es igual de apropiado para las Ventas Apalancadas.

Inclusive, es más crítico que el número uno porque la duplicidad es evidente y los secretos siempre salen a la luz. El que supieras sobre él y hayas tratado de ocultarlo es extremadamente dañino, cuya inevitable consecuencia es que pierdes credibilidad ante tu gente y dejan de confiar en ti. ¡Es una de las formas más rápidas de destruir la moral del equipo y matar el impulso de ir hacia adelante, o a ellos mismos!

3) Lanzar un ataque distractor

Dicen que la mejor defensa es un buen ataque, lo cual es cierto en algunas ocasiones, pero no en su totalidad. Es una vieja artimaña utilizada por los gobiernos desde que se instauraron; y, con frecuencia, las empresas también emplean esta técnica. Por ejemplo: las ventas se hunden, el reclutamiento está muriendo y una gran cantidad de distribuidores han renunciado. La compañía, en lugar de identificar la causa y trabajar en ello para solucionarlo, comienza una campaña de ataque a la competencia con la esperanza de que los afiliados se desentiendan de lo que acontece. La verdad es que las distracciones funcionan temporalmente, mientras dura su efecto, pero cuando el foco vuelve a los problemas reales, éstos estarán peor que en el inicio.

4) Reescribir la historia

Este escenario se repite cada cierto tiempo, lo he visto. Joel es un líder de alto nivel, edificado por su equipo y la compañía; además, sirve en comités o consejos, y es una de las figuras destacadas en los eventos y transmisiones en línea. En ese contexto, decide irse y unirse a otra empresa. ¿Y entonces? La historia cambia de manera radical, en palabras como estas: "Bueno, no queríamos decir nada, pero él en realidad es un mujeriego y ladrón de bancos que fue atrapado robando dinero del Papa".

Demonizar y desacreditar a alguien después del evento tiene efecto retroactivo, debido a que los integrantes del equipo son presa de la duda, con razón. "Si realmente era una persona tan malvada, ¿por qué lo edificaban cuando resultaba conveniente para ellos?" es la pregunta más común que se desprende del acontecimiento.

5) Darle un enfoque de victoria

El más excéntrico de los ejemplos que he visto tiene como protagonista a una compañía que estaba bajo un severo ataque legal. El CEO/fundador fue demandado por sus hermanos y el gobierno lo acusó de evasión de impuestos. El resultado del proceso llevó al hombre a prisión y los otros ganaron una sentencia de $10 millones de dólares. ¿Cuál fue la posición oficial de la empresa?

Enviaron anuncios como este: "El fallo ha sido un indulgente premio de "apenas" diez millones de dólares, lo que ratifica que el tribunal apoyó nuestra posición". Además, les dijeron a los líderes que, como la prisión solo albergaba a pacíficos delincuentes de cuello blanco, la gravedad del crimen cometido era similar a obtener una multa por exceso de velocidad; a su vez, durante el periodo de encarcelamiento del CEO se refirieron a él como que estaba "de campamento".

Contra todo pronóstico, la compañía sigue operando en la actualidad, pero es un ejemplo de todo lo que no se debe hacer. Quienes bebieron Kool-Aid soportaron la tormenta, pero la única forma de que las ventas crecieran era dirigir la mirada fuera de las fronteras, dado que nadie tomaba en serio ni a la compañía ni a sus líderes en los mercados locales donde tenían presencia. Nadie quiere unirse a una empresa de bajo nivel.

A menudo, estas cinco reacciones se basan en un deseo bien intencionado de proteger a la gente ante cualquier eventualidad que pudiera suceder; y, si bien es noble, no es realista. La verdad es que cosas malas les sucederán a todos, incluido tu equipo.

Un líder positivo y empoderado no evita la negativa realidad de un suceso inesperado, porque simplemente eso no es posible; en consecuencia, le mostrará al equipo cómo salir triunfante de la situación con su dirección.

Guiar Hasta El Otro Lado A Través De Los Malos Tiempos

¿Cómo lo harás? Eso exploraremos en el resto de este libro; por ahora, establezcamos las bases y volvamos a la definición de líder que te di en la introducción:

Inspirar a las personas para que se conviertan en la mejor versión posible de sí mismas construyendo el entorno que facilite este proceso. Llevado a la práctica, funciona así:

Usa tu poder para lograr que tus seguidores sean más poderosos

Pongo sobre la mesa la analogía de "los padres helicópteros" en referencia a que afectan la formación de sus hijos al volar sobre ellos, todo el tiempo, intentando protegerlos. ¡Puedes crear el mismo resultado con tu equipo al seguir este patrón de comportamiento! Está claro que necesitas proteger a tus hijos de los pedófilos y secuestradores, pero debes permitir que se raspen las rodillas y se caigan de la bicicleta; de tal manera, el líder omnipotente, carismático y dinámico que, para efectos prácticos dirige un culto a la bondad, terminará debilitando a su gente y destruyendo al equipo, pues aspira todo el oxígeno de la habitación.

Tomemos la definición de liderazgo establecida anteriormente y dividámosla en dos componentes. La primera parte habla sobre inspirar a los miembros del equipo a convertirse en la versión más alta posible de sí mismos, lo cual empieza contigo sin duda alguna. Tienes que ser el ejemplo, quien modela el comportamiento; y, lo más importante, persigue sus sueños.

Hay legiones de personas negativas que dudarán de ti, te ridiculizarán e incluso intentarán sabotearte. Si no estás dispuesto a luchar por tus sueños, ellos triunfan. Tu equipo necesita verte ganar esta pelea, por ti mismo, para sentir que tienen una oportunidad.

Lo irónico de inspirar liderazgo es que no se trata solamente de ser positivo y reconocer buenos resultados de la gente, sino también desafiarla de alguna manera. En realidad, los seguidores se enfocan en los líderes porque necesitan de alguien que los rete a tener una visión más elevada, a levantar la vista sobre el horizonte y a esforzarse por tener resultados o logros distintos, sea para sí mismos o en el cumplimiento de un noble propósito.

La mejor manera de hacerlo es modelando el comportamiento, dado que dictar órdenes a la gente, como si fueran ladridos, no funcionará. Ponemos demasiado énfasis en el control de la profesión, olvidando que tratamos con un ejército de voluntarios que buscan cosas diferentes para su vida. Si operas desde la postura controladora, le estás ofreciendo a la gente dos opciones: cumplir o desafiar; y, como la mayoría odian que se les diga qué hacer, eligen la otra alternativa.

Por lo tanto, convertirte en el mejor entrenador del mundo y presentar el óptimo programa de formación tampoco te garantiza el éxito, peor aún si no practicas lo que enseñas. El equipo te observa todo el tiempo y evalúa no sólo tus acciones sino también tu comportamiento, así que sé el ejemplo que les muestra el camino a seguir.

La segunda parte del liderazgo fuerte es construir el entorno que le facilite a tu gente convertirse en su mejor versión. Esta es una importante responsabilidad que tienen los principales líderes en Ventas Apalancadas y se desarrolla a través del sistema, la capacitación y las herramientas, con una pauta a seguir, lo cual es vital.

Los integrantes del equipo necesitan saber cómo se ve el camino para convertirse en líder de una organización; por ejemplo, si eres un nuevo recluta en el ejército y tu sueño es convertirte en general, debes tener una idea sobre cuáles son los pasos que te conducirán a ese rango, y la responsabilidad que conlleva. ¡Acá es exactamente igual! Las personas necesitan saber qué comportamientos y actividades las pondrán en el camino de convertirse en líderes del equipo. Esto te quedará claro en los capítulos posteriores.

Una vez que trabajes bien en estas dos áreas, inspirando a las personas a mejorar y creando un entorno que lo facilite, tendrás los dos elementos fundamentales para desarrollar una sólida infraestructura de liderazgo en todo tu equipo; en tal sentido, esto se traducirá en crecimiento constante y auténtica duplicación.

Ahora que sabes cómo es el papel de un líder positivo y empoderante, exploremos el paso más importante que tomarás en el camino: aceptar la sagrada responsabilidad que implica patrocinar a otros.

Capítulo 2

La Sagrada Responsabilidad del Patrocinio

Durante décadas, en varias convenciones he deleitado al público con la historia de haber patrocinado a mi compañero de cuarto en las primeras cinco compañías a las que me uní; de hecho, es tan divertida que un CEO, dos autores y cinco oradores me la robaron, hasta donde conozco. Lo cierto es que él se unió en todas esas ocasiones porque yo acepté pagar su kit de distribuidor con la orden de activación. A la par, prometió devolverme todo el dinero invertido, a través de las ganancias que recaudaríamos. ¡En cada uno de esos intentos, él fue la única persona que patrociné!

Ese sistema funciona bien cuando registras rápidamente a tu primer recluta, pero no es sostenible en el tiempo; en realidad, llegué a un punto en el que ya no pude convencerlo más ni siquiera ofreciéndole pagarlo todo, así que necesitaba mejorar mi enfoque sobre el reclutamiento.

Para tal efecto, mentalmente creé una ecuación bastante simple con estas variables en juego:

- Estaba en bancarrota y odiaba estarlo.
- La mayoría de las personas que conocía estaban en igual condición que yo.

- Los que se dedicaban a las Ventas Apalancadas generaron dinero, ganaron automóviles como bonificación a su esfuerzo y tuvieron viajes elegantes. Muchos parecían ser ricos, y lo eran acorde a mis estándares.
- Quería ser rico.
- Si pudiera inscribir suficientes personas, me convertiría en uno de ellos.
- Si ellos hicieran lo mismo, también se enriquecerían.

Esa fue mi básica presentación. A fin de cuentas, me volví un experto en el campo de atraer y patrocinar a personas que pagaron su propio kit de inicio y orden de activación, así que me sentí seguro respecto a los pasos dados en el camino al éxito, pues había conquistado el elemento más difícil del negocio: reclutamiento. Hice mi parte al inscribir al menos a cinco personas y, luego, esperé a que me hicieran rico, basado en aquella exposición que aseguraba que esos cinco traerían veinticinco, y a su vez, ellos traerían ciento veinticinco y así progresivamente. Estaba listo para ordenar mi Ferrari y entregar el depósito inicial, pero me contuve.

Noté que mis cinco personas no estaban haciendo su parte, o eso me parecía. Me comunicaba con ellos y les recordaba que necesitaba ser rico y que para eso tenían que cumplir con lo que les correspondía hacer. Seguro ya dedujiste lo bien que funcionó.

SINTIÉNDOME FRUSTRADO, DECIDÍ CONVERTIRME EN UNA MÁQUINA DE RECLUTAMIENTO

Patrocinaría a tanta gente, que no habría forma de que la duplicación no ocurriera, o eso creía; por lo tanto, empecé a tener reuniones de presentación de negocio cinco noches a la semana en la trastienda de un restaurante local. Elevé tanto el nivel de habilidad, y de tácticas de presión, que el resultado fue de treinta personas patrocinadas en un mes. ¡Listo! Ellas aumentarían, naturalmente, a al menos ciento cincuenta en las siguientes cuatro semanas, ¿verdad?

El número real fue una pérdida neta de veintisiete.

Decidí que esas treinta personas eran demasiado estúpidas, ignorantes y flojas, así que las reemplazaría de inmediato con nuevas, en la misma cantidad. Lo hice.

Sorprendentemente, obtuve casi el mismo resultado.

Una y otra vez, todos quienes se sumaban a mi propuesta caían dentro de la misma clasificación mencionada en el párrafo anterior; por consiguiente, no tuve más opción que volver a evaluar, con absoluta seriedad, la forma en que intentaba construir mi negocio. ¡Ajá! Mis reclutas no eran el problema, era yo.

Llegué a comprender que el método utilizado para atraer personas al negocio no era duplicable por la mayoría de ellos.

Reexaminando Mi Proceso

Fue una frustrante y decepcionante revelación que transformó mi carrera, porque la introspección a la que me condujo se tradujo en la creación del sistema duplicable que me hizo exitoso. Este manual no aborda cómo lo hice, para eso te invito a empaparte de él en mi último libro llamado *Éxito en la*

Venta Directa; no obstante, este fue el vital descubrimiento producto del proceso:

Al incorporar gente al negocio, te comprometes a ser un socio para su éxito, lo cual es una sagrada responsabilidad que deberás cumplir.

Esto no significa que debas hacerlos dependientes de ti o realizar el trabajo por ellos; tampoco que afilies personas debajo de ellos, en su estructura, para apuntalarlos a la calificación del siguiente rango. ¡Nada de eso! Sí implica que, tal como cuando tienes un hijo o adoptas una mascota, tendrás que cambiar tu rutina, horario y prioridades. Cada vez que inscribes a un nuevo miembro, aceptas implícitamente participar en su desarrollo.

Cuando reemplacé la perspectiva de que la razón para patrocinar a alguien era que me hiciera rico, con la creencia de que reclutaría personas con el firme compromiso de ser un importante socio dentro de su éxito, el juego cambió para mí... Y lo hará por ti.

Lidérate A Ti Mismo

El liderazgo en Ventas Apalancadas comienza desde allí, cuya piedra angular es cómo te comportas con las personas a las que directamente inscribes en el negocio.

Está de moda hablar de liderazgo de servicio, pero me temo que ese concepto ha sido mal interpretado al asociarlo con sacrificio y altruismo, ya que no es su real concepto. Los verdaderos líderes entienden la virtud de cierto tipo de egoísmo. Te lo explico.

Tu primera Responsabilidad como Líder es Tener Éxito

No porque que eres egoísta como tal, sino porque descubrir el camino correcto, ser exitoso y modelar ese comportamiento es la forma más útil y desinteresada de liderar a tu equipo; en otras palabras, no puedes mostrarle a alguien cómo alcanzar un rango específico dentro del plan de compensación a menos que tú ya lo hayas conseguido.

Volvamos a las sabias palabras del legendario Zig Ziglar: "Obtendrás todo lo que quieres en la vida... si sólo ayudas lo suficiente a otras personas a conseguir lo que quieren". No hay argumentos contrarios de mi parte, pero en términos de *aplicación práctica*, en el negocio significa que tú abres el camino. Claro que es una buena intención pensar en que primero debes ayudar al equipo a tener éxito, pero no es así como funciona.

Llegados a este punto ya aprendiste que el primer elemento es inspirar a las personas a convertirse en la mejor versión posible de sí mismas. No lo lograrás si te quedas estático o te limitas a dictarles conferencias con las causas sobre por qué deberían crecer; en consecuencia, inspíralos modelando el camino que deberán seguir. Asume la responsabilidad con la mentalidad de perseguir tu propio éxito, mientras extiendes una mano amiga a tus afiliados personales, llevándolos contigo a lo largo del viaje.

Hecho esto cumples con el primer requisito de la definición inicial; pero, ¿Qué pasa con aquello de habilitar el entorno que facilite el proceso? Descubramos la solución.

Construir Los Cimientos

Implica contar con la infraestructura adecuada; me refiero a jornadas de capacitación para los miembros del equipo, herramientas que les ayude a desarrollar conjuntos de habilidades, eventos de promoción del negocio entre los candidatos y delinear una "escalera ascendente" a través de la que los aspirantes son llevados. Este esquema ayuda al equipo a manejar la mecánica de construcción del negocio. Usé una gran cantidad de tinta explicando eso en *Éxito en la Venta Directa* por lo que no repetiré aquí esa información, en vista de que los objetivos de este manual de campo corresponden al análisis y explicación de tus responsabilidades de liderazgo en este proceso.

Como ya habrás deducido, una de tus principales preocupaciones siempre será la duplicación de lo que haces y enseñas, porque requiere un hábil toque y algunos matices intelectuales. Por supuesto existen varias, y no pocas, posibles situaciones problemáticas en el camino.

Expectativas De Tiempo

Cuando seas un líder exitoso, fácilmente podrías estar trabajando entre treinta y cincuenta horas a la semana dirigiendo tu negocio; sin embargo, las prácticas comerciales que les enseñes a tus nuevos afiliados deberían poder realizarse en un plazo máximo de diez a quince horas semanales, debido a que la mayoría de los recién llegados ingresarán al negocio a tiempo parcial, a la par de su trabajo y cumpliendo con obligaciones familiares y sociales. Dado que trabajamos desde casa es muy delgada la línea que separa la vida personal de la laboral, así que fácilmente podría convertirse en todo lo que consumes. Te invito a explorar una interesante forma que podría desencadenar una situación perjudicial para tu equipo, cuando en realidad buscas ayudarlos y ser amigable: socializar con ellos.

Sin temor a equivocarme estoy seguro de que habrás considerado como una gran idea el tener un evento social frecuente con tu equipo local, bien sea algo tan inocuo como jugar laser tag o armar una liga de bolos. En realidad, puede ser dañino para el entorno.

Resulta que los nuevos miembros de tu grupo tratarán de ajustar su horario normal para encontrar de diez a quince horas en la semana para trabajar en el negocio, cuyo efecto provocará estrés en otras áreas de su vida, especialmente en el campo familiar. Es común que la pareja lo vea, o sienta, como una indeseada competencia por el escaso tiempo que le queda al involucrado; entonces, si el afiliado agrega otra noche a la semana para tiempo social con el equipo, éste podría ser el punto de inflexión que mueva al cónyuge del campo del apoyo reservado, o el escepticismo, a la oposición absoluta. Puedes perder integrantes por esta situación.

Realidades Financieras

A menudo esto también crea estrés monetario. Si eres un exitoso distribuidor de nivel medio, gastar veinte dólares en el almuerzo o treinta y cinco dólares en un evento social, probablemente no signifique nada para ti. Pero para alguien que acaba de invertir en el negocio y con una situación financiera apretada, estos gastos menores también son fuente de angustia; por lo tanto, a medida que tu negocio e ingresos crecen, la cantidad de estrés que creas para tu equipo puede ser más pronunciada. Después de tener éxito, tendrás la posibilidad de comer en restaurantes donde la cena cuesta quinientos dólares por persona o quedarte en suites de hotel con un valor de dos mil dólares la noche. Desde el otro lado, intentar seguirte el ritmo podría generar una seria amenaza para su presupuesto familiar.

Si esto es así, en lugar de que tu gente se entusiasme con las recompensas del éxito, se desmoralizan porque todavía no han tenido la posibilidad de viajar a través de esos círculos, entonces dudan de su capacidad para llegar allí y el miedo aumenta.

Conexiones Sociales

Ciertamente, la conexión social es una parte importante de nuestro negocio; por esa razón, te recomiendo que introduzcas festejos o momentos de conexión social dentro de los eventos regulares de entrenamiento. Míralo de esta forma: en el diseño de la agenda de los grandes eventos que se desarrollan los fines de semana, con frecuencia incluimos una fiesta en la noche del sábado, con una temática distinta en cada ocasión, como noche de los 80's, espectáculo de talentos, disfraces de superhéroes, etc.

Otro ejemplo es la acostumbrada práctica de dar regalos durante la temporada navideña. Te recomiendo que establezcas, dentro de la cultura del equipo, un momento que incluya tiempo de celebración y buenos deseos, pero sin intercambio de obsequios. Sí, estoy claro de que esto va en contra de tu intuición, como les sucede a varios, porque los líderes adoran la idea entregar presentes relacionados con el negocio o elementos de desarrollo personal porque parece inspirador y congruente con la filosofía de crecimiento del negocio. Una vez más, podría haber puntos de estrés.

Alguien que acaba de avanzar en el plan de compensación podría estar en un nivel en el que su equipo esté conformado por ochenta o cien personas, así que decide reinvertir sus ganancias en el negocio con la adquisición de herramientas de reclutamiento, construcción de líneas de larga distancia, etc. Si quisiera comprar regalos para todos, corre el riesgo de endeudarse lo que no sería prudente.

Respeto a quienes tienen la cultura de dar regalos como elemento integral de la construcción de relaciones, mostrar aprecio y crear lealtad. En su caso, han sistematizado el proceso, incluidas las pautas que rigen al equipo en relación con a quién entregar regalos y cuánto gastar en su compra. Si vas a transitar este camino, asegúrate de seguir su ejemplo.

Como ves, algunas prácticas se ven positivas en la superficie, pero terminan siendo contraproducentes en la importante área de la duplicación. Comienza liderándote a ti mismo y luego filtra todo a través del lente sobre cómo afectará a las personas que están algunos niveles por debajo de ti. Una vez que hayas hecho este compromiso con el éxito de las personas que patrocinas y trabajado para garantizar que, tanto la infraestructura como las prácticas del equipo promueven la duplicación, entonces debes hacer algo inusual en los negocios y relaciones hoy en día...

Preocúpate Lo Suficiente Por Tu Gente Como Para Ser Honesto Y Decir La Verdad

Si leíste mi último libro, sabes que hago dos promesas a todos los que inscribo:

1. Nunca les mentiré a propósito.
2. Jamás les diré, con pleno conocimiento, algo que no sea lo mejor para sus negocios.

Pero ser el portador de la verdad va más allá; significa que los respetas los suficiente como para no complacerlos o decirles lo que quieren escuchar. ¡Nada es más dañino para el crecimiento y el desarrollo de una persona que tener entrenadores o mentores que sólo lo felicitan y complacen con "conversaciones felices", y no mantienen su orientación basada en la realidad! La mayoría de nosotros nos hemos rodeado de personas que nos dan permiso para permanecer igual, cuando lo fundamental es contar con la presencia de quienes nos aman y respetan por lo que somos, pero que también sean portadores de desafíos que nos lleven a ser nuestra mejor versión.

Permíteme compartir una historia situada en el inicio de mi carrera la cual hace mención a la vez que conocí a algunas personas de mi línea de patrocinio; entre ellas, una pareja con los mayores ingresos de la compañía, en el mundo. Sus palabras fueron fulminantes, me devastaron, pero crearon uno de los mayores avances de mi vida.

Spencer y Shivani Poch vivían en Sacramento, y su equipo abarcaba todo el país. Yo estaba en Miami, cientos de niveles abajo dentro de su organización, pero habían escuchado sobre uno de mis entrenamientos, de esos que yo daba a mi equipo exclusivamente. Se comunicaron conmigo y me preguntaron si estaba dispuesto a viajar a California para presentárselo a su grupo local. Con entusiasmo aproveché la oportunidad, pues era el más alto honor que podían otorgarme, elevándome y edificándome en su escenario.

La noche antes del evento me invitaron a cenar, con enorme gentileza, para conocernos. Yo estaba, no solo asombrado ante la posibilidad de pasar tiempo con ellos, sino también ansioso por impresionarlos con mi ética de trabajo, tenacidad y deseo de tener éxito. Hice lo de costumbre en aquella época: deleitarlos con traumáticas historias, una tras otra, reflejando el drama y la victimización en mi vida.

Les expliqué lo perdedor que era mi patrocinador y lo mucho que tuve que trabajar por él. Hablé sobre el tipo cuya tarjeta de crédito fue rechazada en la compra de su pedido, el último día del mes, lo que le significó no alcanzar un rango, y a mí me quitó la oportunidad de llegar a otro con la consecuente pérdida de muchas comisiones. No había Internet en ese momento así que desconocía sus ventas y rangos reales, los cuales me enteré dos semanas después cuando se emitieron los cheques. Me quejé de todas las personas perezosas e ignorantes del equipo, mis problemas de salud, mis relaciones disfuncionales y todas las otras cosas injustas con las que el universo me asaltaba en esa etapa de mi vida.

Al ver en retrospectiva, reconozco mis quejas como lo que realmente fueron: mi trabajo a tiempo completo como víctima profesional. La historia completa fue una "avalancha de datos" que repetía cada vez que hablaba de mí, como si reprodujera una grabación. ¡Fue mi desesperado intento subconsciente de sentirme digno, una víctima inocente luchando contra las fuerzas del mal! No tenía conciencia de esto en el momento de la cena en California...

Pensé que mi exposición sólo explicaba las razones por las cuales todas esas cosas malas que me sucedieron no fueron mi culpa, con fuerte énfasis en lo desafortunado que era y que el universo conspiraba contra mí. Estaba seguro de que Spence y

Shivani quedarían impresionados ante mi fuerza y resistencia, hasta que nos dirigimos al automóvil luego de la cena.

Justo antes de entrar en él, Spence me miró y preguntó en voz baja: "Randy, ¿Te has puesto a pensar sobre lo que podrías estar haciendo para atraer todas estas cosas malas a tu vida?"

El Tiempo se Detuvo

¡Estaba perplejo! De inmediato pasé a un estado de auto defensa y mi mente comenzó a correr… ¿Acaso no escuchó todo lo que le acabo de decir? ¿No me puso atención? ¿Es un hijo de puta de corazón frío?, pensé.

No estoy seguro de lo que murmuré, pero sí de demostrarle que no compré su pensamiento de la Nueva Era. Al día siguiente cumplí con el entrenamiento y regresé a casa, pero esa pregunta me hizo masticar cemento durante semanas. Tenía la cabeza revuelta, los pensamientos se arremolinaron, chocaron, detonaron hasta dejarme aturdido. ¿No era una víctima inocente? ¿De verdad estaría atrayendo, de alguna manera, esas calamidades a mi vida? La pregunta de Spencer me obligó a una profunda introspección, la cual me llevó a hacerme el cuestionamiento más importante de mi vida entera. Al reflexionar sobre mis incontables desafíos de salud, fracasos comerciales y relaciones disfuncionales, me dije:

¿Quién estuvo siempre en la escena del crimen?

No me gustó la respuesta que recibí, pero me liberó de las carencias y limitaciones. En otras palabras, significaba asumir la responsabilidad personal; y, cambiar mi modo de pensar y actuar de receptor a reconocerme como co-creador de mi realidad. Me di cuenta de que había vivido en una mentalidad de víctima toda mi existencia hasta ese momento de claridad; y que, si quería algo diferente, yo tenía que cambiar.

Dejé de mirar hacia afuera y enfocarme en los factores externos para comenzar a ver hacia adentro y encontrar lo que tenía conmigo.

Ahora, décadas después, sigo reconociendo a esa simple pregunta que Spence me hizo como un momento crucial en mi vida, ya que a partir de ahí inició mi transformación y las cosas cambiaron desde todo punto de vista. ¡Eso fue todo! Porque en lugar de complacerme, se preocupó lo suficiente por mí como para ser brutalmente honesto y decirme la verdad. No hay mayor regalo que puedas dar a las personas de tu equipo, en especial a quienes se inscriben contigo. ¡Diles siempre la verdad!

Mira Hacia Adentro

Otra vital componente de tu responsabilidad como narrador de la verdad es que seas honesto contigo mismo, todo el tiempo. Las personas necesitan líderes racionales, realistas, que conozcan sus propias fortalezas y debilidades. Avancé cuando examiné mi situación: inestable condición de salud, fracasos comerciales, relaciones negativas y disfuncionales. Cumplí a cabalidad con el primero de los criterios de Von Mises que discutimos en el Capítulo 1: Estaba insatisfecho.

Cambiar tu comportamiento, en una o varias áreas, requiere de introspección para que reconozcas tu insatisfacción con la situación actual; entonces, sólo así, crearás una convincente visión de algo mejor, que sea lo suficientemente magnética para que te atraiga todo el tiempo. Entonces se pone más difícil.

Haz Tu Propio Camino

No esperes a que un inspirador líder te ponga al frente una forma de ser próspero. ¡Descúbrela tú mismo! Esto es, crea el camino que te lleve hasta allí, con confianza. Si no lo ves, nunca saldrás del modo inercia. ¿No se supone que ese es el trabajo del patrocinador? te preguntarás. Técnicamente lo es, pero no puedes contar con eso a ojo cerrado. Si quieres ser uno de los mejores de la industria, aprender a ser autosuficiente.

Quizá lo más difícil de todo esto sea que cumplas el requisito de abandonar el modo víctima y aceptes la responsabilidad de manifestar tu propio destino. ¡No puedes escapar con excusas! Así que deja de culpar por tu falta de éxito a tu patrocinador, a la empresa, a la profesión o a todas ellas. ¡Acepta la responsabilidad de tu éxito o la falta de él!

Sin duda encontrarás legítimos obstáculos para la manifestación del éxito, como todos los demás. La diferencia radica en que o sigues de víctima o te transformas en un vencedor, pero no puedes ser ambos en simultáneo. De la misma forma, o eliges aceptar excusas y relegarte a la victimización, o te comprometes a superar esos obstáculos y convertirte en un ganador.

No te vuelves exitoso porque no tienes desafíos; sí porque decides superarlos. Elige hacer el difícil trabajo de desafiarte, crecer y auto desarrollarte.

Sólo después de que aceptes e implementes esta realidad, podrás convertirte en el tipo de patrocinador inspirador para tus afiliados directos; y, por extensión, un modelo de liderazgo para el equipo. Lo exploraremos a continuación.

Capítulo 3

Cómo Convertirte en un Líder Modelo

Durante mis primeros cinco años en el negocio, tuve problemas financieros y no conseguí que alguien me siguiera. Más tarde, gané más de un millón de dólares anuales en comisiones y obtuve seguidores en todo el mundo.

¿Cuál fue la gran diferencia?

En Quien Me Había Convertido

Eso es lo curioso del liderazgo. Antes de que las personas te sigan, ellos esperan que poseas cierto carácter, habilidades relacionales; y, ya sabes, capacidad para liderar.

Mi historia de éxito es una de esas que te hacen sentir bien al haber pasado de los harapos a la riqueza. La última es el lado divertido del cuento, pero la primera se refiere al tipo de persona que fui durante esa fase.

No entré al negocio para salvar el mundo, financiar orfanatos o auspiciar una cura para el cáncer. Yo quería un Ferrari, una mansión de estrella de cine, y suficientes accesorios brillantes colgando de mi cuello, tantos para necesitar ayuda para levantarme del sofá. ¡Era la definición de la codicia! Me uní porque odiaba ser pobre y estaba desesperado por volverme rico.

Y la gente desesperada hace cosas desesperadas. Desafortunadamente, esta sensación influía en mi enfoque de prospección, asustando a cualquier persona con buen juicio y sentido; entonces, los pocos que se unieron a mi equipo pronto se resintieron conmigo tras la constante insistencia a hacer más; quiero decir, a hacerme ganar más dinero. ¡No era un líder ni nada parecido! Ahora bien, una luz de gracia salvadora me rescató del fracaso y fue la siguiente:

En Ventas Apalancadas, el desarrollo personal es ingrediente importante de esta receta; por lo tanto, todos los que ingresan a la profesión o crecen como personas o se autoseleccionan para irse.

Autodesarrollo

Si sabes lo que es bueno para ti, adoptarás esta realidad con cada célula de tu cuerpo, porque también puede ser la luz de gracia salvadora de tu existencia. No he visto otro negocio en el que el autodesarrollo sea un elemento vital dentro de la carrera profesional; en tal virtud, para convertirte en la clase de líder que planteo en este manual de campo, querrás practicar religiosamente el autodesarrollo y crear una cultura en la que tu equipo haga lo mismo.

Y necesitas practicarlo por dos razones, tanto para dominar las nuevas habilidades como para convertirte en una mejor persona y líder; sí, la más alta versión posible de ti mismo.

Gracias al Internet, las aplicaciones móviles y los podcasts, estamos viviendo la era dorada de la iluminación. Nunca antes fue tan fácil crear un exclusivo y personal programa de aprendizaje, crecimiento personal y avance profesional.

HABILIDADES PARA EL ÉXITO

Si has seguido mi trabajo, estás claro que he planteado cuatro habilidades básicas que debes dominar en la primera etapa de tu carrera:

- Conocer gente
- Elaborar una lista de candidatos
- Invitar
- Dar seguimiento

Ese es el conjunto de habilidades que todos necesitan dominar lo más rápido posible, así como se les debe enseñar de inmediato a los nuevos miembros. Cubrí este tema extensamente en *Éxito en la Venta Directa*, así que no repetiré esa información aquí; no obstante, cuando te involucras en las filas del liderazgo, necesitarás destrezas más avanzadas. Por lo tanto, te sugiero que integres los siguientes temas en el "plan de estudios básico" de tu programa de autodesarrollo.

Nota: Estas habilidades no son necesarias en etapa principiante y no te recomiendo que se las enseñes a los nuevos ya que disminuirá su crecimiento y dificultará la duplicación. Por lo expuesto, éstos son los temas que deberás estudiar para convertirte en un líder DEFCON 1:

- Hablar y presentar en público

- Construcción de equipos
- Resolución de conflictos
- Estrategias de liderazgo

Las razones de algunas de estas habilidades son evidentes, otras no tanto, así que veamos brevemente por qué son necesarias, y qué pueden hacer por ti y tu equipo.

Hablar y Presentar en Público

Cuando te vuelves hábil para hablar en público, puedes inspirar a tu equipo, enseñarles nuevas habilidades, desarrollar su creencia, y convencer a los candidatos calificados para que se conviertan en clientes y miembros del equipo. Lo curioso es que la gente dentro de las Ventas Apalancadas no pone énfasis en el conjunto de habilidades relacionadas con presentar el negocio ante grandes audiencias, sea presencial o en línea. El convertirte en un notable presentador, ante multitudes, hará que tu negocio crezca de manera exponencial. Van de la mano.

Incluso cuando realices presentaciones en el hogar, cuanto mejor te presentes, más éxito tendrás. Convertirte en un convincente y carismático orador hará una gran diferencia cuando estés sobre la tarima en el hotel o en cualquier otro gran escenario donde presentes la oportunidad; sí, también en las transmisiones en línea. Debería ser evidente, pero no lo es, así que te lo digo: *también debes ser cautivador al dictar seminarios y talleres de capacitación para tu equipo.*

¡Es un hecho! En cualquier empresa, las personas más exitosas suelen ser los mejores oradores. Hay un gran

vínculo entre ser buen orador y entrenador fuerte; así, cuando tienes buenas habilidades de manejo escénico, lideras, inspiras, te comunicas mejor, el equipo estará mejor entrenado y la duplicación aumentará en los rangos inferiores.

El mejor momento de cualquier discurso es cuando alguien en la audiencia reacciona con un "Wow, ¿tú también? Pensé que era el único en el mundo con ese problema. Me alivia mucho saber que hay esperanza para mí". Sea un candidato durante una presentación de la oportunidad, o un miembro del equipo en un evento de capacitación, este es el instante en que todo "hace clic" y el comportamiento cambia para mejor. Cuando te conviertes en un presentador rock star, provocas estos momentos mágicos una y otra vez. ¡Es el nivel al que necesitas llegar!

Construcción de Equipos

La habilidad de construir equipos es beneficiosa por razones obvias, pues cuanto mejor lo hagas más crecerá tu grupo. También mejorará tu productividad en medida que aprendas a trabajar en varias líneas al mismo tiempo con el fin de producir resultados sinérgicos. La ganancia derivada es que el equipo desarrollará fuerte identidad y proporcionará a los integrantes sentido de pertenencia, lo que no sólo mejora la moral, sino también la retención. Tu habilidad para construir equipos entra en juego distintas áreas como comunicación con el equipo, establecer agendas de capacitación, organizar eventos y entregar reconocimiento. Te invito a leer *Éxito en la Venta Directa* pues ahí me extendí en este tópico.

Marca el ritmo

Otro elemento fundamental del liderazgo es marcar el ritmo del equipo, recordando que cada organización se circunscribe a la cultura establecida por el líder. Algunos son tan exigentes y operan a un furioso ritmo, que terminan por dejar relegados a personas motivadas y con talento. También están los que complacen al mínimo común denominador, lo que frustra a los grandes triunfadores y los aleja. El enfoque correcto es cuando mantienes al equipo al día, con ritmo, casi sin aliento, ante el trabajo que realizan. Es cuando los invitas a ver que el tren está por salir de la estación y eligen correr y respirar más rápido para alcanzar a entrar en él antes de que las puertas se cierren. Las personas responden mejor a los líderes que los desafían a ser más. ¡Sé ese líder!

Resolución de Conflictos

Empecemos con las cosas desordenas y esta es la primera de ellas: resolución de conflictos.

¡Por esto es que obtienes mucho dinero! Es la parte más espinosa de liderar un equipo cohesionado, que es vital para la duplicación. Desde el punto de vista científico, cohesión es la acción o propiedad de atraer moléculas similares para mantenerlas juntas, siendo atractivas entre ellas. Si le das un vistazo superficial a tu equipo de líderes te darás cuenta que, con certeza, no son mutuamente atractivos entre ellos porque pertenecen a diferentes generaciones, etnias, nacionalidades, géneros, ideologías políticas y docenas de otras cosas; añade otros factores como egos, sentimientos heridos, estatus, celos, títulos y más.

La cruda realidad de liderar un gran equipo es que el cuarenta por ciento de tu tiempo, aproximadamente, destinarás a administrar funciones, establecer jornadas de capacitación, organizar eventos, liderarlos y desarrollar tu negocio real del día a día. El sesenta por ciento restante, y también de tu ancho de banda mental, se centrará en resolver conflictos. ¡De verdad! Hablemos sobre cómo puedes hacer esto con éxito y eficacia.

Dicho lo anterior, los problemas que ocuparán la mayor parte de tu tiempo, energía y capacidad intelectual durante el resto de tu carrera, son parecidos a los siguientes:

Geoffrey patrocina a Sebastián; también a Rebecca que es la entrenadora personal de gimnasio de ambos. Entonces Sebastián siente que su patrocinador le "ha robado" a su mejor prospecto.

Jim y José son *crosslines*, pero se hicieron amigos. Cuando Jim abrió un gimnasio, consiguió que José invirtiera en él. Ahora el lugar ha cerrado sus puertas y José quiere que tú recuperes su inversión.

Lisa patrocina a Luis y Henry, y coloca uno a cada lado de su estructura; luego ella patrocina a Dan y lo coloca debajo de Luis. Henry está abatido y siente que ha sido engañado porque tú no pusiste a alguien debajo de él.

Richard patrocina a Erik y rápidamente coloca a otras cinco personas en esa línea. El próximo mes, Erik está molesto, porque no tiene más beneficios.

Y estos problemas sólo son de los miembros iniciales de tu equipo. Espera hasta que veas lo que tus principales líderes te tienen reservado.

Benjamín está molesto porque no fue incluido en el nuevo video de reclutamiento de la compañía. Paúl no te habla porque le diste a Alejandra diez minutos más de tiempo que a él. Sasha publicó en su perfil de Facebook un mordaz comentario sobre política y ahora veinte personas de su equipo quieren renunciar.

Serás asaltado, casi a diario, con problemas que consideres triviales, insignificantes o sin sentido, pero para quienes te los presentan, son tan monumentales como las más grandes crisis que ha enfrentado la humanidad. Será tu trabajo clasificar los conflictos, eliminar las distracciones y hacer que la gente vuelva al trabajo.

Desearía que hubiera una fórmula científica o un proceso detallado para solucionar conflictos, similar a la forma en la que se describe cómo una oruga se convierte en mariposa, o en relación al procedimiento para cultivar soya. Lamentablemente, no lo hay, por eso te dije que esta es la parte desordenada; sin embargo, compartiré contigo lo que he aprendido en cuanto a este tema con los mejores resultados posibles. Comenzaré con un principio fundamental.

Enfrentar Problemas y Consolar a las Personas

Muchos creen que al ignorar los problemas éstos desaparecerán milagrosamente o se resolverán por arte de magia. ¡No es probable! Si alguien se siente menospreciado, cree que ha sido tratado injustamente o piensa que se le ha faltado al respeto, ese problema es una realidad y debe ser tratado, pero sucede que a veces la respuesta que busca no es posible o realista. Haz tu mejor esfuerzo con el fin de encontrar la solución que sea de su entera satisfacción; si no puedes, habrás demostrado genuina preocupación por su situación.

Mantén a las Partes Unidas

Tendrás a varios queriendo acorralarte contra la pared, en solitario, para exponerte su caso contra alguien más. No permitas que eso suceda y mantén a las partes unidas. El caso podría lucir de esta manera:

> Él: "Tengo un gran problema con Daniel. No le digas que te llamé, pero..."
>
> Tú: "Perdón que te interrumpa, pero si tienes un problema con él, tenemos que llamarlo ahora mismo. Déjame verificar si está disponible".
>
> Él: "¡Espera! No quiero que sepa que yo me quejé".
>
> Tú: "Lo siento, nunca hablo de otra persona en su ausencia. Si queremos resolverlo como adultos, necesitamos reunirnos los tres, vía telefónica, y discutirlo abiertamente".

¡Tienes que ser el adulto en la habitación! Al manejar las situaciones de esa forma, el equipo comprende que no estás para pasatiempos y mucho menos para fomentar chismes. Esa firme y deliberada acción de tu parte mata a la acostumbrada política organizacional, creando un claro ambiente en el que los problemas pueden resolverse. Como consecuencia, te asegura que las personas adictas al drama reconocerán que su juego no tiene cabida en el equipo y se trasladarán a otro lugar.

Trabaja Para Mantenerte Alejado de los Ataques Personales y Concéntrate en los Problemas Involucrados.

Por naturaleza a la gente le encanta el drama y lo utiliza para distraerse del trabajo que tiene que hacer. Supongamos que Mohammed tiene un problema con algo que Hunter hizo; quizás Hunter en un entrenamiento dijo algo que Mohammed cree que es incorrecto. Tú resuelves ese problema y lo siguiente que ocurre es que Mohammed se distrae porque considera que Hunter tiene una voz chillona, necesita un corte de pelo o no es tan inteligente como dice ser. Tendrás que trabajar harto para evitar las distracciones, restaurar el enfoque en resolver el problema original y conseguir que las personas vuelvan a la acción importante.

Mantén Fuera a la Política y el Favoritismo. Concéntrate en Resultados Justos y Equitativos.

Nada produce más conflicto que jugar a los favoritos y permitir que la política influya en las decisiones. Si quieres un equipo que trabaje de manera coherente, debes practicar la meritocracia. "Las ventajas" del liderazgo del equipo, en cuanto a temas como tiempo en el escenario, aparecer en materiales de marketing y reconocimiento en eventos, deben asignarse según el mérito acorde a los resultados producidos. Si favoreces a alguien que no está logrando el éxito, sólo porque es tu afiliado personal y directo, por sobre alguien que es un fuerte productor en el campo, te garantizas varios conflictos. Por lo tanto, al manejar al equipo con verdadera meritocracia, conseguirás más armonía, menos drama, y podrás concentrarte en aumentar las ventas en lugar de apagar incendios todo el tiempo.

Siempre Párate del Lado de la Integridad.

Es triste decirlo, pero una abrumadora mayoría de los problemas con los que tendrás que lidiar involucran comportamiento deshonesto. Algunas de las quejas frecuentes envuelven a personas que intentan robar prospectos de otros distribuidores, cambiar de línea a la gente usando distintos números de identificación, manipulan pedidos o volúmenes para calificar a los rangos, crean distribuciones falsas para jugar el plan de compensación y cargan de excesivo inventario a los nuevos distribuidores.

Las decisiones que tomes siempre deben respaldar los resultados correctos y honestos; más aún, cuando el efecto no te beneficia de la manera que te gustaría. Permíteme darte dos ejemplos poderosos sobre difíciles decisiones que tomé, las mismas que causaron gran dolor, pero cuyo desenlace provocó las mejores consecuencias que podría haber esperado.

Diez años atrás, tenía en Alemania un vibrante equipo en desarrollo, dirigido por un afiliado directo que conocí en un viaje a Europa. El volumen crecía, los avances de rango eran constantes y el grupo contribuía muy bien con mi cheque de bonificaciones. En contraste, comencé a escuchar murmullos y comentarios negativos sobre él, pero nadie se comportó como adulto para decirme algo específico y concreto; por lo tanto, los interpreté como gruñidos normales de personas que tenían miedo del trabajo duro. Pero el volumen se intensificó, lo cual sí llamó mi atención, así que logré que uno de los líderes del nivel medio, y a quien respetaba, se abriera conmigo. En el diálogo me informó que mi afiliado, a cada nuevo inscrito, le pedía que le entregue su clave de inicio de sesión del *back office* en el sitio web.

En la última noche de cada ciclo de pago, mi afiliado ingresaba a las cuentas de su gente y creaba órdenes, que se las cobrarían, para asegurarse de que algunas personas alcanzaran ciertos rangos, lo que lo calificaría para el bono más alto posible. ¡Lo había hecho durante meses con mucha tranquilidad! El problema llegó a un punto crítico cuando eliminó las inscripciones que su equipo había conseguido, para volverlas a ingresar asignándose a sí mismo el patrocinio de todos los casos.

Al enfrentarlo con estas acusaciones, de inmediato admitió haberlas hecho. En el pasado había trabajado en otra compañía donde este era un comportamiento estándar de liderazgo, por lo que asumió que era una práctica comúnmente aceptada y actuó de la misma manera. Su proceder fue deshonesto, antiético y puso en peligro a toda la empresa; a su vez, prácticas como la descrita son las que los reguladores observan y en las que se basan para cerrar las compañías dentro de la industria.

Sin tiempo que perder, presenté los resultados de mi investigación al equipo corporativo. Les causó conmoción, pero también estaban conscientes del volumen que generaba el grupo alemán; por lo expuesto, apenas querían llamar la atención al implicado y suspenderlo por un mes mientras yo exigí que lo despidieran, más allá del golpe que significaría para mis ingresos. Su proceder estaba demasiado por encima de la línea de integridad como para garantizar algo menos. Dada mi inflexible postura, la compañía cumplió con mi petición.

Lo que sucedió después fue sorprendente y encantador porque el volumen aumentó en lugar de disminuir. Los asociados comprendieron que, no sólo tenían mi respaldo, sino también que la integridad y hacer lo correcto era un componente esencial de la cultura del equipo.

Años más tarde surgió otro caso, con potencial riesgo de desventaja aún mayor. Fui el principal generador de ingresos de mi empresa, y uno de mis afiliados personales ocupó el segundo lugar; por lo tanto, su grupo constituía gran parte del mío. Era una afilada máquina de trabajo duro y profundo, tanto que había regalado inscripciones directas a otros, ayudándoles a alcanzar rangos muy temprano en su recorrido. Mi participación en este grupo fue reducida ya que tenían un líder alfa, estaban lejos y hablaban un idioma distinto al mío. Casi toda mi interacción con el grupo fue a través de él.

Desafortunadamente su ego era fuerte y quería ser agasajado y adorado por su gente, pero no todos estaban dispuestos a hacer eso; en realidad, tenía un par de líderes que él creía que no reconocían el papel que desempeñó en su crecimiento. Como con ellos no pasaba lo que quería, comenzó a degradarlos en las redes sociales. Busqué detenerlo, pero persistió y aumentó su ataque; entonces, la compañía se involucró advirtiéndole que sus acciones violaban las Políticas y Procedimientos y que, de continuar con esas acciones, lo despedirían.

Junto a los ejecutivos de la empresa compartí algunas llamadas con él, vía Skype, enfocados en finalizar la situación. Por su parte, sintió que nos entrometíamos en su negocio así que intensificó la campaña pública contra su propia gente. Una mañana al despertar, descubrí que el hombre había publicado en Facebook fotos de ellos, sus ingresos y los números de sus documentos de identificación. ¡Amenazaba a la

Gallina de los Huevos de Oro! En consonancia con el caso anterior, llamé al presidente de la compañía, pedí que lo despidieran de inmediato y así fue.

Ese líder era mi amigo. El trabajo de esa línea me significaba, probablemente, medio millón de dólares al año y lo último que quería hacer era verlo despedido; sin embargo, mi responsabilidad como líder, al igual que la tuya, era proteger al equipo. Eso incluye a la compañía, pues si ésta deja de existir, nadie recibirá cheques por concepto de comisiones.

Hay casos donde se requiere la pena de muerte, me refiero a despido inmediato. Haz esto de manera rápida y pública, así la gente entenderá lo que sí es aceptado y lo que no es permitido en tu cultura; entonces, si los reguladores persiguen a tu empresa, esta acción firme y definitiva demuestra que el equipo corporativo controla el comportamiento de sus afiliados y no aprueba prácticas ilegales. En tu rol de líder, no sólo debes apoyar a tu empresa de esta manera, sino que debes ser quien insista en esa decisión. También es cierto que no todos los propietarios y ejecutivos de empresas tendrán el coraje de hacer lo correcto porque odian perder tanto ventas potenciales tanto como asociados. ¡Defiende la integridad por encima de todo! Cuando hay personas que actúan ilegalmente, roban reclutas o se burlan de las políticas y procedimientos, es necesario que vigiles sin perder tiempo ni esperar que alguien más lo haga. ¡El buen liderazgo requiere esto!

Me complace decirte que, en el ejemplo anterior, mi equipo se recuperó y retomó el crecimiento sostenido y auténtico. Una vez más, los miembros del equipo comprendieron que nos preocupamos por ellos, defendimos la integridad y siempre haríamos lo correcto. Nada construye mayor lealtad y un negocio más fuerte, que esto.

Estrategias de Liderazgo

Si te preguntas cuándo llegaremos a las "estrategias de liderazgo" ya lo hemos hecho parcialmente al revisar las habilidades que debes desarrollar. Sí, te mentí un poco al darte a entender que las estrategias están separadas de las habilidades; en realidad, no hay muchos comportamientos diseñados para liderazgo efectivo, en sí mismo. Tú lideras por cómo te organizas, comunicas, manejas la resolución de conflictos, cómo procedes, demuestras integridad; y, en general, así modelas el comportamiento de liderazgo. Te conviertes en un gran líder no porque hayas superado con éxito la "Prueba de liderazgo 101" o por ser un experto en estrategias avanzadas; sí por responder de manera correcta en todas las áreas que acabamos de discutir.

Modela el comportamiento que le permita a la gente tener éxito y crea un entorno en el que se sientan inspirados a imitarte.

Los grandes líderes no sólo resuelven problemas y se aseguran de que los trenes lleguen a tiempo. Voy a que, quizá, el elemento más importante del liderazgo es crear una visión positiva para el equipo. Es de trascendental importancia que consigas que la mirada de las personas esté más allá del horizonte, enfocándose en un futuro más grande y audaz para todos. ¡Una visión poderosa es el súper pegamento que mantiene firmemente unida a la gente cuando se presentan desafíos y obstáculos en el camino! Los líderes modelo establecen la visión y luego muestran el camino hacia ella a través del trabajo duro, el profesionalismo y la integridad.

Al leer todo esto puedes pensar que las habilidades necesarias para liderar a tu equipo requieren que te conviertas en psicólogo; en realidad, me he sentido así en más ocasiones de las que me gustaría contar. Quédate tranquilo pues no necesitarás obtener dicho título en la materia. El verdadero avance en esta área proviene de la autoconciencia y de vivir en congruencia con los principios. A medida que comiences a observarte a ti mismo y entiendas las consecuencias que tus acciones provocan en los demás, desarrollarás fuertes y claras ideas sobre la motivación y el comportamiento de esta misteriosa especie a la que llamamos humanos.

Dentro de la profesión, con regularidad encontrarás una curiosa situación: los veteranos de veinte años que, en lugar de tener esos años de experiencia combinada, tienen un año de experiencia repetido veinte veces. Sólo conocen las mismas soluciones y siempre recurren a plantillas situacionales para tal efecto: "De esta manera manejas a los alcohólicos; así lo haces con los padres solteros; con estos pasos manejas el margen, así a los inscritos, de tal forma interactúas con la línea de patrocinio que se encuentra sobre ti", etc.

Pero de eso no se trata el liderazgo.

Sí de interactuar con cada persona de manera que le ayudes a resolver problemas. Con este manual intento enseñarte cómo convertirte en un líder sabio, y que use tal condición, además de la empatía y el discernimiento para crear soluciones basadas en un carácter fuerte, siguiendo un conjunto de principios.

El liderazgo no se trata de las acciones que tomas, sino de la persona real en la que te conviertes. Una vez que lo consigues, dejas de hacerte preguntas como "¿Qué haría Jesús en este caso?" Porque el correcto curso de acción

siempre será lo que hagas, debido en quien te has transformado.

La cultura es una de las plataformas que puedes emplear para llevar a tu equipo a la grandeza. Te lo cuento en el siguiente capítulo.

Capítulo 4

Liberando Tu Arma Secreta: Cultura

¡Es el arma secreta de todo gran líder quien crea una sólida duplicación y crecimiento continuo! Como discutimos en el capítulo previo, es una tontería tratar de armar un plan de acción para cada posible escenario que los miembros del equipo enfrenten en la operación diaria, e individual, de su negocio. Suponiendo que pudieras crear un manual de este tipo, tendría cincuenta mil páginas y haría que el negocio sea imposible de duplicarse.

La cultura es la respuesta. Es tu arma secreta para la productividad, la duplicación y el éxito.

Estos son los tres pasos fundamentales para que te conviertas en un líder positivo y empoderado:

1. Crea la visión
2. Construye la comunidad
3. Establece la cultura

¡No te conviertas en la estrella o consumirás todo el oxígeno de la habitación! Haz que el equipo y la cultura lo sean porque eso es lo que mantiene la auto conservación de la estructura. La cultura marca la pauta para el equipo, prepara a la gente para lo que vendrá y les permite saber, con claridad, al tipo de organización que pertenecen. Lo más importante, les da principios y valores que los guiarán al momento de tomar decisiones difíciles.

Los concursos de reclutamiento, las tendencias de la cultura pop y las plataformas de redes sociales son efímeras. La única constante es el cambio y enfrentarás el reto de mantener al equipo entrenado en relación a cómo reaccionar ante el continuo movimiento del objetivo; sin embargo, con una firme cultura establecida, creas principios que trascienden lo temporal y funcionan de manera efectiva a lo largo del tiempo y su devenir.

Eso no significa que al establecer la cultura ya cumpliste con tu rol.

No funciona de esa manera porque la cultura también evoluciona con el pasar del tiempo, especialmente cuando enfrentas desafíos, crisis y cometes errores. Como consecuencia aprendes, creces y tu cultura se adapta a esta nueva realidad. Estoy seguro de que lo más importante que puedo enseñarte al respecto es esto: la cultura del equipo no existe sin él.

Tu Equipo No Tiene Una Cultura. ¡Es La Cultura!

Es difícil lograr que cincuenta mil integrantes de un equipo se comporten adecuadamente, pero si la cultura correcta es clara y se aplica, es más posible que ocurra. La cultura es lo que transforma a un grupo de personas que no están relacionadas entre ellas, con metas, sueños y objetivos individuales, en un equipo cohesionado y listo para cumplir con una misión. Dicho de otra forma, la cultura no es un conjunto de creencias que rige al equipo, sino la forma en cómo se desenvuelve ante diversas situaciones; por lo tanto, tu cultura comunica al mundo quién eres y lo que representa trabajar contigo.

¿A tu equipo le importan las familias de sus integrantes o sólo enfocan el rayo láser en cómo ganar más dinero? ¿Tu gente se abraza, hace una reverencia o se dan la mano? ¿Los miembros están construyendo una gran base de clientes o sólo se concentran en afiliar a más reclutadores? ¿Se reúnen en el Four Seasons o en el Holiday Inn?

Pongamos la mirada en algunas de las más importantes áreas que crean la cultura y cuál es mejor para cada quien. Si has seguido mi trabajo a lo largo de los años, notarás que mi pensamiento ha evolucionado con el fin de reflejar los cambios en la sociedad, los negocios y la tecnología.

INTEGRIDAD

No he modificado mi pensamiento respecto a la necesidad de crear una cultura íntegra para el equipo, pues no hay atajos cuando se trata de hacer lo correcto. Dicho esto, tener una buena reputación es uno de los más valiosos activos que tendrás al momento, no sólo de construir un negocio, sino también para otras áreas de tu vida. Si lo malgastas en reclutamiento rápido, o en el aumento de ingresos, pagarás un precio negativo el resto de tu carrera.

Cada persona, con su ingreso, comienza un grupo nuevo, más allá de ser parte de un equipo más grande; entonces, aunque tú seas parte del clan de tu patrocinador, y del que está sobre ellos, la cultura de tu organización comienza contigo así que asegúrate de ser el "cortafuegos" que evita que algo ilegal, inmoral o poco ético llegue desde niveles inferiores al tuyo.

Ethos (Carácter Distintivo)

Por cultura ethos me refiero al espíritu distintivo y ambiente o características de tu equipo. Por ejemplo, unos equipos tienen a los muchachos vestidos de traje y corbata, mientras que las chicas usan traje de sastre; otros lucen estilo *business casual*. Con las presentaciones pasa lo mismo, pues hay grupos que las manejan con tono corporativo y de negocio mientras que otros las hacen alegres, divertidas, más parecidas a una reunión social.

Tal vez la parte más impactante del espíritu es la visión que crea. En mi último libro te aconsejé que construyeras un sueño más grande que tu equipo; entonces, es importante que manifiestes audaces, valientes y convincentes resultados que respondan a las aspiraciones de tu gente. Nada en la vida produce tan enérgicos sentimientos de satisfacción y pertenencia como el estar conectado a una fuerza, un proyecto o movimiento para siempre. ¡Algo más grande que nosotros!

Es una obviedad que el equipo perseguirá los viajes gratis, los bonos de automóviles y otras recompensas; no obstante, si tú logras combinar esa búsqueda de ganancias con un plan que responda a un bien superior, lograrás que se vuelvan más poderosos. Me refiero hacia un resultado positivo como la construcción de un orfanato o el financiamiento de un pozo de agua dulce en una aldea remota; también puede encaminarse el propósito a la lucha contra un enemigo común que aborda su línea de productos como Big Pharma, compañías de seguros que estafan a las personas, etc. De modo que, sea cual sea tu camino, hazlo audaz, atrevido y con grandes aspiraciones. *A la gente le encanta ser parte de algo más grande que ellos; por lo tanto, tú terminarás logrando más de lo que imaginaste, haciendo el bien a otros.*

Otro factor importante del ethos será que logres equilibrar el manejo de clientes con el reclutamiento de distribuidores. Lo digo porque durante muchos años, demasiados, el Network Marketing enfocó todo su arsenal a las inscripciones y el reclutamiento. ¡Si perdemos de vista la venta de productos al consumidor final, todo se desmorona! Ese es el motivo por el cual promuevo el concepto de Ventas Apalancadas, de manera evangelizadora, dado que mantiene el mismo énfasis en los dos aspectos fundamentales de este modelo de negocio: las ventas y cómo potenciarlas a través de los sistemas.

Probablemente más de una vez me has escuchado decir que el aspecto más poderoso del modelo de negocio se centra en cómo el autodesarrollo se integra al pastel. Hemos hecho un gran trabajo al respecto; entonces, si tu objetivo es crear una organización de clase mundial, ten en cuenta qué tipo de libros, podcasts, seminarios y otras herramientas de desarrollo promueves en tu equipo. En otras palabras, si le pones énfasis a la capacitación en temas como técnicas de cierre, superación de objeciones o manipuladoras técnicas de marketing, provocarás sesgo en el reclutamiento y la cultura; por el contrario, si tu programa de autodesarrollo contempla positivas habilidades de desarrollo general como la conciencia sobre la salud, pensamiento crítico, resolución de problemas, construcción de relaciones y comunicación efectiva, tendrás una cultura fuerte y un equipo de verdad.

No es tu tarea hacer que el equipo crezca; sí que lo hagan sus integrantes; entonces, ellos harán que el grupo se expanda.

En cada equipo prevalece un ethos, determinado por los líderes en la parte superior, así que te invito a que reflexiones profundamente sobre qué actitud y ambiente deseas que tu equipo transmita.

Reclutamiento

Dicho esto, seguro ya estás claro de que la integridad, en tu enfoque de reclutamiento, es de vital importancia. Entonces, revisemos algunas de las formas sobre cómo funciona esto.

Comencemos por el respeto a tus candidatos, las elecciones que hacen y su situación actual. Una tendencia inquietante dentro de nuestro negocio es la "vergüenza de los empleados" porque convertirse en emprendedor es una decisión que no es correcta para todos, tanto que varios se sienten cómodos trabajando para una empresa; en ese sentido, los puestos que ocupan son de nivel bajo o intermedio. ¡Tratarlos como perdedores o de bajo rendimiento no demuestra integridad! Pero sí que eres deficiente en cuanto se refiere a tener clase.

En nuestro negocio, quienes todavía viven en el pasado, han creado presentaciones de reclutamiento que degradan a la educación formal. Es evidente que, en la actualidad, un título universitario no asegura un empleo, mucho menos que antes, así que el negocio podría ser una experiencia maravillosamente enriquecedora para mucha gente. En conclusión, no te sirve ni a ti, ni a la profesión, el menospreciar las instituciones educativas como colegios y universidades, y menos a quienes han pasado por ellas.

Cada persona en el mundo es importante y quiere sentirse así. Todos merecen ser tratados con respeto, de modo que no deshonremos su trabajo y educación. No hay integridad en eso.

En el mismo sentido, tampoco es íntegro dar falsas declaraciones sobre beneficios de los productos o nivel de ingresos, al momento de reclutar. Como profesionales, si nos consideramos así, estamos llamados a mejorar drásticamente estas prácticas o dejaremos de existir; más cuando los organismos reguladores dirigen su arsenal a cambiar esta realidad que se ha desarrollado durante décadas. Cada vez que alguien de tu equipo pronuncia un testimonio dudoso o plantea un reclamo, alguien más lo graba en su teléfono y lo transmite por Internet, dado que esa es la nueva realidad mundial. Lo que solía decirse en una sala de estar delante de seis personas ahora es visto y escuchado por seiscientas en simultáneo; en otras palabras, existe un registro permanente que es y será usado como evidencia en tu contra. No hay más remedio que cambiar.

Y yo estoy encantado con ello.

Porque es lo que deberíamos hacer de todos modos. Ya basta de hacer afirmaciones médicas, ofrecer diagnósticos y prescribir tratamientos para enfermedades sin ser doctores. Lo mismo respecto a brindar asesoría financiera o de inversión. Dentro de la profesión no hay lugar para quien siga dando falsas, engañosas o exageradas declaraciones sobre productos o ingresos.

No sólo ha cambiado el entorno regulatorio contra este tipo de reclamos, sino que también el mercado lo ha hecho. La gente se ha vuelto mucho más sofisticada, suspicaz e incluso está hastiada. Si miras las presentaciones de algunos de los dinosaurios que todavía están alrededor, creerás que aprendieron de Gordon Gecko en la película *Wall Street*. ¡Ya no son los años ochenta! Hoy esas promociones de lanzamiento, estilo rah-rah, para hacerse rico rápidamente repelen a más personas de las que atraen. Y lo que es más importante, las personas que de verdad quieres en tu equipo no son aquellas que respiran por la boca impresionadas por el exagerado sensacionalismo.

Imagina que estás considerando la posibilidad de invertir en una franquicia de McDonald's, 7-Eleven o Subway, motivo por el que vas de visita a su sede corporativa. Piensa en la presentación que recibirías. Con seguridad te explicarían hasta el más mínimo detalle de la infraestructura operativa instaurada para apoyar a sus franquiciados, el sistema de comercialización que usarían para ayudar a promocionarte, y la guía de contratación y capacitación. Y no solo eso, pues también te mostrarían el desglose de las recompensas financieras que su gente está logrando, además de presentarte ante algunos de sus felices y satisfechos colaboradores. Sin duda, sería muy profesional, eficiente y honesto.

Eso es lo que necesitamos modelar. No hay nada de malo en tener un llamado a la acción; por el contrario, son muchas las buenas razones para hacerlo, pero cuanto más insinúes que el momento de la oportunidad es ahora y que la ventana se está cerrando, mayor será el precio que pagarás más adelante. Si tienes una oportunidad legítima para mostrar, debería ser tan buena dentro de cinco años como lo es hoy.

Eso significa que tú puedes hacer una presentación comercial atractiva, similar a la que haría una franquicia exitosa, sin exagerar ni presionar.

NOTA: No somos *una* franquicia; además, los países tienen regulaciones específicas en ese campo empresarial así que te sugiero que no presentes tu oportunidad como que fuera una de ellas. En contraste, te invito a que modeles la forma profesional que demuestre el valor de la misma, sin usar bombos, exageraciones o tergiversaciones.

Otro Elemento Importante Del Reclutamiento

Uno de los especiales beneficios que hace que el negocio sea accesible para el público, y el cual ayuda a duplicarlo, es que puede iniciarse a tiempo parcial como un "negocio secundario". Si reclutas promoviendo ingresos mensuales de cinco y seis cifras, estás negando una de sus principales cualidades. La economía de la oportunidad está arrasando el mundo y el desarrollo tecnológico aumentará dicha tendencia; en consecuencia, adopta el concepto de ingreso adicional y promuévelo. Por supuesto habrá personas ambiciosas que se graduarán a tiempo completo y triunfarán al aprovechar las ventajas que eso conlleva, pero para la gran mayoría de tus candidatos, la economía de la oportunidad es lo que están buscando. Incluso quienes pretendan convertir al negocio en su ocupación principal, deberían empezar a tiempo parcial, a la par de su trabajo y actividades actuales.

Física y Digital

Otro aspecto que debes tener en cuenta dentro de tu cultura de reclutamiento se refiere a la configuración del sistema que utilizas para tal efecto, así que haré una rápida mención al respecto: el material de reclutamiento que uses debe estar disponible tanto en físico como en digital, sabiendo que, con el paso de los años y tras la obvia transición, todo se volcará a lo virtual. Hasta entonces, tu cultura y sistema tienen que apoyar a los equipos cuyo entorno no está a la vanguardia del avance tecnológico, especialmente en el mundo en desarrollo.

Las primeras cuatro o cinco personas que se unan a tu equipo serán fundamentales en la composición de la cultura y el desarrollo organizacional, dado que lo harán con cierto ímpetu o porque te tienen en alta estima. La pregunta es: ¿Qué pasa con el recluta número cien? ¿O el mil? ¿Por qué deberían integrarse?

En realidad, los mejores candidatos no te necesitan ni a ti ni a tu oportunidad, pues siempre tienen opciones para elegir simplemente por la naturaleza de quienes son. Entonces, si quieres viajar al Tíbet, escalar una montaña, meditar y procesar una pregunta con una profunda introspección, sería esta:

¿Por qué el recluta número mil se une a mi equipo?

No puedo darte esa respuesta, ya que es algo que todos los grandes líderes disciernen por sí mismos; sin embargo, te aconsejo que resuelvas pronto esa inquietud debido a que la emoción, a corto plazo, de aquellos primeros cinco amigos cercanos que se unieron a ti porque están en tu grupo y creen que eres genial, no será suficiente para atraer al recluta número mil. La cultura del equipo será el factor determinante para que eso se haga realidad.

Autodesarrollo

Hace pocas líneas te dije que los mejores candidatos no te necesitan. Cuando envié un borrador de este capítulo a Wes Linden y Art Jonak, sus comentarios fueron bastante reveladores. Wes escribió: "Hay muchos buenos socios que vienen de las profundidades de la desesperación. Ninguno de nosotros tres éramos estrellas de rock cuando nos unimos". Por su parte, Art señaló: "En mi opinión, probablemente los mejores candidatos no elegirían nuestro negocio en su estado actual. Sigo convencido que el mejor postulante es el hambriento". Ambos comentarios ilustran un aspecto irónico del negocio...

A Veces Tus Peores Candidatos Son Los Mejores

Wes tiene razón en el sentido de que no hubieras querido patrocinarlo a él, a Art o a mí cuando cada uno de nosotros nos unimos al negocio. En mi caso, posiblemente yo era el último hombre en la Tierra que querrías en tu equipo; no obstante, los tres nos convertimos en líderes exitosos. ¡Este es el resultado del valor que nuestra profesión otorga al autodesarrollo como parte integral del negocio! Los candidatos perfectos son difíciles de conseguir ante la cantidad de opciones que tienen a su disposición, pero hay tantos otros, como nosotros tres, que parecerían inadecuados para comenzar, pero tienen todo para prepararse y ser distribuidores exitosos si el desarrollo personal es un principio fundamental de tu cultura.

Ritmo De Crecimiento

Pon especial atención sobre qué tipo de cultura de ritmo de crecimiento estableces desde el inicio porque, lo más seguro, es que se quede contigo para siempre. ¡Acércate al negocio con sentido de urgencia o no lo hagas! Así de claro.

En la mayoría de los planes de compensación, los dos primeros rangos no requieren de un titánico esfuerzo para alcanzarlos, así que ve tras ellos a toda velocidad. Si puedes alcanzar el primero en un día o dos; y, el segundo en un par de semanas, trabaja para hacerlo, ya que así establecerás ese ambiente en tu equipo. Mira este ejemplo: "La cultura de rápido avance de rango es clave en nuestro equipo. Yo fui Supervisor en mis primeras cuarenta y ocho horas así que quiero ayudarte a hacer lo mismo. Es más, veamos si podemos llevarte a Gerente en tu primera semana".

Cuando reconoces y celebras cada avance de rango, no importa cuán pequeño sea, construyes un entorno que fomenta el alcanzar los siguientes. Si no haces énfasis en ello, creas una cultura de construcción lenta donde el escalar en el plan de compensación sucede como por arte de magia, más no porque los miembros del equipo los busquen conscientemente.

La cultura se crea todo el tiempo, de una forma u otra, en muchas áreas diferentes. Si mantienes la atención en estos cinco pilares descritos, te asegurarás de tener un equipo que opere con honestidad, tenga una fuerte duplicación y crezca rápidamente. Como complemento, al hacer un gran trabajo en dichas áreas, las menores caen en su lugar, sin duda.

Un equipo con una cultura fuerte atraerá buenas personas y producirá grandes líderes; por lo tanto, cuando ellas lleguen, querrás que encuentren una sólida y ordenada infraestructura, incluyendo un sistema duplicable, materiales de apoyo y jornadas de capacitación adecuada para guiarlos. Este es el siguiente tema sobre la mesa.

Capítulo 5

Construyendo la Gallina de los Huevos de Oro (y Protegiéndola)

Imagina que obtienes un nuevo Aston Martin cupé para tu cumpleaños. La suspensión está afinada, el motor tiene una gran fuerza de torque y gira como si se deslizara sobre rieles. ¡Es una máquina hermosa y poderosa, pero no funciona en el vacío! Voy a que necesitas de un concesionario para mantenimiento, repuestos e inventario, así como de caminos, con suerte señalizados, sobre los cuales transitar, con marcas de carriles, semáforos y estaciones de servicio para recargar combustible. Sin dicha infraestructura, ese exquisito automóvil no tendría valor para ti.

Piensa en la infraestructura de tu equipo de la misma manera. Si eres miembro del equipo corporativo de una empresa, también. Puedes atraer a las personas más talentosas del planeta, pero si no tienes un sistema duplicable, materiales de apoyo y eventos de capacitación, no alcanzarán su verdadero potencial. ¡Sería como conducir tu Aston Martin en una playa de arena!

La infraestructura le da a tu equipo una pista para correr, además de algunas barandillas para impedir que caiga desde un acantilado. Constrúyelo de la manera correcta y evitarás que tenga que experimentar muchas situaciones adicionales de DEFCON 1 en el futuro.

En términos generales, *estás construyendo la Gallina de los Huevos de Oro*. Si no estás familiarizado con ella, es una de las clásicas fabulas de Esopo, en la que un ave como la descrita, mágicamente, ponía huevos de ese metal precioso. Todo iba fabuloso hasta que su dueño se volvió codicioso y la abrió para extraerlos todos de una vez. Para su consternación, no encontró ninguno en su interior y ahora que estaba muerta, no volvería a tenerlos. En la analogía propuesta, tu compañía es la gallina y debe protegerse a toda costa. ¿Cómo hacerlo? Con la infraestructura que creas para el equipo.

Proceso Versus Improvisación

Si hay un proceso aprobado a seguir, los miembros del equipo lo harán; en su ausencia improvisarán, lo que podría poner a la compañía en riesgo de demandas y acciones regulatorias. Asegúrate de que existan procedimientos adecuados que orienten a los nuevos miembros desde el inicio, los guíen en la ascendente escalera con base en el reclutamiento, contemplen la inscripción de nuevos integrantes y los pasos a seguir para convertirse en líderes dentro del equipo.

En cuanto a la escalera de subida, el proceso debe tener herramientas específicas de marketing como audios, videos, catálogos, PDF, etc. para cada una de las etapas. Es en extremo peligroso que los distribuidores generen sus propios materiales de marketing, siendo la causa más frecuente para que las empresas se conviertan en el blanco de los organismos reguladores. Lo óptimo es que el material lo desarrolle la compañía en asociación con los principales líderes; sin embargo, si el equipo corporativo lo hace unilateralmente, sin consultas provenientes de los afiliados, esfuérzate para que tu voz sea escuchada dado tu rol de líder de campo superior. ¡Es necesario e importante!

Asociaciones De Empujar Y Tirar

Muchas veces, quienes toman las decisiones finales sobre los materiales de marketing, son los abogados del departamento legal de la compañía, basándose en la percepción de que su trabajo es cubrir su propio trasero; en ese sentido, vetan cualquier declaración, reclamo o beneficio que implique provocar el más mínimo rechazo de parte de cualquier regulador en el sistema solar. Si intentas construir un negocio con materiales de marketing aprobados por un abogado, probablemente criarás niños delgados. El mejor y más apropiado material, es el resultado del tira y afloja que ocurre en la asociación entre el campo y el área legal, con el fin de que sea efectivo para todos en el mundo real, sin que represente un riesgo tan alto como para provocar desafíos regulatorios o legales.

Establecer estos procesos implica una gran cantidad de trabajo al principio, pero te ahorra miles de horas en el futuro; y, lo mejor, protege a la Gallina de los Huevos de Oro.

Si tú eres un líder importante, quiero que te obsesiones con este concepto: "conformidad antes que perfección". Puedes diseñar un sistema hermético, "totalmente perfecto" que casi nadie seguirá; o, uno imperfecto pero efectivo y fácil de seguir. Lee este párrafo dos veces, y luego otra vez, y así sucesivamente. Acabas de obtener el retorno a tu inversión por comprar este libro.

Por lo expuesto, estos son los tres objetivos principales que debes tener en cuenta al configurar tu sistema y los materiales:

- Automatización.
- Sistematización.
- Escalabilidad.

Todo lo que pueda automatizarse, debe hacerse así, sin excepción, dado que esto garantiza coherencia y significa que el recurso está disponible en cualquier momento. Luego, al sistematizar un proceso, se facilita la duplicación; y, como el objetivo es la mejor duplicación posible, hay que asegurarse de que las cosas sean escalables.

Permíteme compartir algunos ejemplos del mundo real sobre cómo "proteger a la Gallina de los Huevos de Oro" en la diaria construcción del equipo y el consecuente crecimiento del negocio.

Como líder, una de las cosas que debes hacer es proteger, tanto a tu línea de patrocinio como a los ejecutivos de la empresa cuando interactúan con tu equipo; en tal virtud, para ellos será más fácil apoyar a tu gente y aumenta las probabilidades de que piensen primero en tu grupo cuando estén buscando a quienes visitar, entrenar y alentar.

Supón que alguien de tu línea de patrocinio llega a la ciudad y dirige un alucinante entrenamiento de todo el día para tu equipo, incluyendo una sesión de preguntas y respuestas de una hora. ¿Qué crees que sucede en el momento en que terminan? Están rodeados de personas que no dijeron ni pío durante la sesión de preguntas y respuestas, pero ahora están en fila para hacer preguntas. ¡Bah!

Decenas, o incluso cientos más, quieren tomarse *selfies*, así que a veces los líderes necesitan ser "rescatados"; entonces, envía a uno de tus líderes locales a su lado y dile que le susurre al oído: "¿Necesitas rescate?" Si lo afirma, sácalo de allí con gracia para que no lo conviertas en el chico o chica mala y tu di algo como esto: "Marianne ha sido muy amable con su tiempo, pero ahora debe cumplir con otros compromisos. Me temo que necesito llevármela"; luego, tómala del brazo y guíala fuera de la habitación hacia el elevador, interfiriendo en el camino.

Si una audiencia supera las trescientas personas, es posible que el orador no esté disponible para preguntas o *selfies*. Consulta con él de antemano, conoce sus preferencias y hazlas realidad. Sí, a veces querrá interactuar con tu gente por más tiempo ¡Pero ha estado dos horas en el escenario y necesita desesperadamente un descanso para ir al baño!

En el caso de que acuerde contigo el quedarse a responder preguntas, tomarse fotos o firmar libros, organiza a algunos voluntarios para administrar el proceso. Simples detalles como instruir a las personas para que tengan sus cámaras telefónicas listas o alguien que les ayude a tomar la foto; o, que abran el libro en la página de firmas antes de llegar ante la presencia del invitado para que la fila se mantenga en movimiento, pueden significar una gran diferencia en la experiencia para todos los involucrados.

A mí me gusta asignar un anfitrión/guía personal para cada visitante de alto nivel de inicio a fin de su estadía. Éste lo recoge en el aeropuerto y traslada al hotel. Durante el viaje hace preguntas respecto a qué cree que pasará durante su estancia, si quiere conocer algo en particular, si se olvidó de empacar algo, si desea reunirse con los principales líderes o simplemente descansar.

Además, lo tengo registrado en el hotel, con la habitación pagada, agua embotellada, refrescos y una bonita tarjeta de agradecimiento firmada a mano por los líderes locales; en algunos casos, te lo digo con total honestidad, incluyo algunos llamativos recuerdos propios del lugar. En consecuencia, el invitado de honor puede evitarse las molestias del registro y dirigirse al cuarto a relajarse; o, en su defecto, ir de compras, recorrer la ciudad, recibir un masaje o cualquier otra cosa que haya indicado que le gustaría hacer.

Imagina que el presidente de tu empresa acepta hablar en uno de tus eventos principales. Te doy mi cabeza que, en el desarrollo de la jornada, algún distribuidor lo abordará con un apremiante y monumental problema como que la botella de vitaminas de sesenta unidades que recibió sólo tenía cincuenta y nueve cápsulas; o, que si el batido de proteína sabor a plátano realmente contiene dicha fruta porque su primo Hugo es alérgico. Asegúrate que uno de los líderes tome del hombro al distribuidor ofendido y le ofrezca ayuda para resolver su problema con el correspondiente departamento de la empresa. ¡Protege a tus ejecutivos!

Cuando Construyes la Cultura y la Infraestructura Correctas, Haces que tu Equipo sea el Único Con el que Todos Quieren Trabajar.

Pongo en tu conocimiento el ejemplo perfecto de cómo se desarrolla esto en el campo. Como era de esperarse, la compañía con la que trabajaba tuvo algunos problemas logísticos y operativos cuando se lanzó en Rusia.

Tanto con el fin de resolverlos, como de apoyar la apertura del nuevo mercado, la compañía envió al presidente o CEO, junto a varios vicepresidentes, a mis principales eventos allí. En el primero de ellos, organicé una cena que incluía a los ejecutivos y a diez de mis líderes rusos. Antes de que el camarero tuviera la oportunidad de traer las bebidas, mi mejor amigo comenzó a interrogarlos sobre los problemas con el inventario, quienes con notable cortesía abordaron sus preocupaciones; sin embargo, su exaltación continuó entonces pasó a otro tema, y luego a otro, etc., lo que provocó que el resto de invitados también expresen los desafíos que enfrentaban. ¡Se convirtió en una maldita sesión de tres horas! Permití que esto continuara, porque estaba frustrado y quería asegurarme de que los ejecutivos realmente entendieran que sus acciones, o la falta de ellas, obstaculizaban el crecimiento en el campo. Todos los involucrados salieron de la cena como si hubieran pasado por el escurridor.

Al cabo de cuatro meses, un grupo de ejecutivos diferente llegó a otro importante evento, pero el resultado fue prácticamente el mismo: surge un problema, se discute, luego el siguiente, el siguiente y el siguiente. Lo que inició como una cena de agradecimiento después del evento se convirtió en una cámara de tortura para los representantes del corporativo, aumentada por la sombría arquitectura de estilo soviético, el agotador cambio de horario y la temperatura invernal bajo cero. Estoy seguro de que no querían volver a Moscú nunca más.

Luego de otro cuatrimestre, un nuevo evento. Una vez que todos llegamos al restaurante, hice un anuncio importante. Agradecí a los ejecutivos por aceptar la invitación y expliqué los motivos por los cuáles, como equipo, nos sentíamos satisfechos con su esfuerzo; luego, pedí a cada distribuidor presente que compartiera "su por qué", los motivos que lo impulsaron a unirse al negocio y los sueños por cumplir. ¡Fue una experiencia conmovedora y de emociones desbordantes! Dicho esto, los ejecutivos empezaron a ver que mi equipo no era un grupo de inquisidores con ganas de "atraparlos" haciendo cosas malas, sino que en realidad estaba conformado por buenas y apasionadas personas que buscaban el éxito por las razones correctas.

Posteriormente, indiqué que no se permitirán más las conversaciones comerciales, pues el objetivo de la cena era socializar y conocernos mejor así que solicité a los directivos que nos contaran su lugar de procedencia y sobre sus familias. ¡Los sentimientos afloraron otra vez! En consecuencia, mi gente cambió su perspectiva, pues los ejecutivos pasaron de ser malos burócratas empecinados en hacer que el negocio sea más difícil, a buenas personas que también tienen cónyuges, hijos y sueños como ellos. Se desarrollaron verdaderas relaciones, cuyo efecto fue asociación entre las partes, generando millones de dólares en ventas cada mes.

Asegúrate de comprender lo que sucedió. Cuando un distribuidor tiene la oportunidad de relacionarse con miembros de la mesa corporativa, es normal que ponga sobre el tapete algún problema o desafío que le gustaría ver resuelto. Es parte de la naturaleza humana y está claro que siempre habrá problemas que requieren atención; pero, una vez que se estableció el patrón después de las primeras cenas, vi que se convertirían en auténticas fieras cada vez que se repetiría el evento. Por lo tanto, cuando rompí ese patrón destructivo e implementé uno mejor, creamos un positivo acuerdo de trabajo mutuo del cual surgieron interesantes soluciones.

Resulta que la mayoría de los distribuidores tienen una posición predeterminada: piensan que, si los ignorantes ejecutivos de la compañía cobraran menos dinero por los productos y destinarían más dinero dentro del plan de compensación, la empresa se convertiría en la más exitosa de la historia.

En contraste, los ejecutivos también tienen su postura: creen que, si los perezosos distribuidores patrocinaran con más frecuencia y vendieran más productos, la compañía se convertiría, de igual manera, en la más exitosa de la historia.

Los dos están equivocados.

El asociado cree que el equipo corporativo no comprende lo que sucede en el campo, las causas por las que un candidato toma la decisión de unirse y cómo se producen los negocios.

El equipo corporativo cree que el asociado no entiende lo que implican los costos de producción, el precio de venta al público, la facturación, las finanzas, el recurso humano, la tecnología de la información y todo lo que se necesita para mantener el negocio en funcionamiento.

Esta vez, ambos tienen razón.

Un gran componente que hace que la Gallina de los Huevos de Oro sea tal, significa establecer una beneficiosa asociación entre las partes involucradas. Stephen Covey, afirma que, si quieres que te entiendan, busca primero entender. Como líder superior, tu trabajo también se refiere a facilitar una positiva y empoderante relación entre los afiliados y la compañía. Los dos grupos deben trabajar hombro a hombro para proteger a la Gallina de los Huevos de Oro.

La mayoría de nosotros buscamos a ese escurridizo animal conocido como *crecimiento exponencial*. La magia que ocurre cuando una organización entra en esta fase es una de las experiencias más impresionantes que he disfrutado en mi carrera. ¡No lo olvides! Esto no sucederá a menos que la cultura sea correcta, la infraestructura esté construida y exista una sólida relación de trabajo entre el campo y la empresa. En el capítulo siguiente veremos el resto de elementos necesarios para que esto suceda.

Capítulo 6

Creando Momentum y Crecimiento Exponencial

Suena loco, pero es verdad... Es más fácil construir tu negocio rápidamente que con lentitud. Tal como observas con frecuencia en el mundo deportivo, el impulso genera más propulsión y, a veces, crea una fuerza imparable.

¿Sabes lo que es revisar tu *back office* y ver a más de cuatro mil nuevos miembros del equipo con órdenes de activación en un día? ¿Y luego más de esa cifra al día siguiente? ¿Y el siguiente? ¿Y el siguiente?

¡Yo lo sé!

¿Sabes lo que es ver a decenas de miles de nuevos miembros del equipo volverse inactivos y desaparecer porque la compañía no pudo manejar la demanda ni enviar sus primeros pedidos?

¡Yo lo sé!

Todos hablan de ese animal mágico y mítico conocido como "crecimiento exponencial". Es casi imposible encontrar una presentación de reclutamiento sin la diapositiva de PowerPoint que muestra un impactante gráfico, con una línea de crecimiento constante que de pronto curva drásticamente hacia el cielo, desapareciendo en la esquina superior derecha de la imagen. El tema es que la mayoría de personas jamás han sido parte del verdadero crecimiento exponencial.

¡Yo sí, dos veces!

La primera de ellas funcionó con elegancia, debido a que la compañía estaba preparada y contaba con los recursos para manejar el aumento masivo de la demanda. En la segunda, con el mismo escenario descrito, pero el arduo trabajo de increíbles líderes fue desperdiciado, se destruyeron sus reputaciones, cuyo efecto fue dolor y caos.

El Crecimiento Exponencial No Es Una Fantasía

Como líderes, tenemos la sagrada responsabilidad de proporcionar consejos sólidos y tutoría útil a nuestra gente, guiándolos a las formas más efectivas y productivas para que su negocio crezca. ¡El crecimiento exponencial no es una fantasía y realmente puede ocurrir! Ante la posibilidad de que tu empresa pueda alcanzar un ciclo de crecimiento exponencial, y sostenerse a sí misma durante su desarrollo, es vital que hagas todo lo que esté bajo tu poder para que suceda; en su defecto, si parece no seguir ese camino, debes buscar los motivos.

El crecimiento exponencial se te mete en la sangre y lo único que puede sacarlo es el líquido de embalsamiento. Dada mi experiencia, sería negligente no compartir contigo la dinámica que debes instaurar si deseas provocar este fenómeno. Hay cinco elementos fundamentales para tal efecto:

1) Una Historia Sexy de Producto

¿Mencioné que la historia necesita ser sexy?

- ¿Tu multivitamínico tiene el ochenta y ocho por ciento de la cantidad diaria recomendada? Ajá…
- ¿Tu proteína en polvo tiene siete por ciento más gramos por porción que el de tu competencia? Despiértame cuando hayas terminado…
- ¿Estás lanzando un nuevo producto con aceite de CBD? Ya estoy en coma en este punto…

Hay, literalmente, cientos de empresas en el espacio de Ventas Apalancadas con historias similares a esas. Estamos en la búsqueda de la historia que capture la imaginación del público; algo que genere una conversación más fresca que el agua. En esta era de abrumador ruido blanco, inclusive necesitas del poder viral de las redes sociales para entrar en la discusión, lo que significa construir un relato que la persona promedio "entienda" al tiempo que ilustre poderosamente cómo tu producto mejorará su vida de la manera que desean. Tiene que ser fresca, convincente y cautivadora.

2) Un Dinámico Equipo Ejecutivo

Comienza con un CEO, presidente o fundador que sean estrellas de rock. ¡Necesitas al menos uno! Alguien carismático que, al estar sobre el escenario, con sus palabras intrigue a los candidatos e inspire a los distribuidores. Si el fundador de tu compañía es un científico nerd, que viste bata de laboratorio, rodeado de vasos de Coca-Cola y con trastorno de ansiedad social, es mejor que sea un CEO o presidente quien esté al frente. No lo digo para burlarme de las personas con ansiedad social, pues yo la sufro, o para ser sarcástico. Voy a que Las Supremes tenían a Diana Ross, Gun N 'Roses tiene a Axl y U2 tiene a Bono. Cada compañía que se abre camino para alcanzar un crecimiento exponencial tiene una máquina como Mark Hughes, Mary Kay Ash o A.L. "Art" Williams Jr. sacudiendo el escenario y el Internet.

Entonces esta estrella de rock necesita un equipo poderoso a su alrededor. Requieres una mezcla de personas con amplia experiencia en la industria que sepan dónde están enterrados los cuerpos, y temerarios recién llegados libres de percepciones preconcebidas. Lo cual se traduce en un brillante Director de Tecnología (CIO), personas de marketing que realmente entienden nuestra profesión, un excelente Gerente de Servicio al Cliente con un sobresaliente Director de Operaciones que garantice la logística en épocas de crisis. ¡Ah! y un Director de Finanzas (CFO) que comprenda, hasta el más mínimo detalle del plan de compensación, el costo de los bienes y el flujo de caja. Lo que nos lleva al siguiente elemento fundamental.

3) Montones de Dinero

En el pasado, las empresas trataban de atraer a nuevos distribuidores con historias caseras que iniciaron en una mesa de comedor. Un concepto por demás pintoresco, que en la realidad actual del mercado garantiza el fracaso. Hoy en día la tecnología no sólo ha reducido la cantidad de capital inicial requerido para lanzar un negocio, sino que también ha borrado las fronteras y ha convertido al mundo entero en una aldea global; desde esa perspectiva, una empresa que inicia operaciones en un solo país enfrentará una considerable desventaja de mercado desde el principio.

La inversión requerida para las operaciones internacionales es sustancial si realmente se la ejecuta legal y correctamente. ¡El tipo de equipo ejecutivo que describí antes no es barato! He visto a más de un par de compañías quedarse sin dinero y cerrar tras invertir entre tres y cinco millones de dólares para empezar a operar; también a unos pocos que sufrieron el mismo destino con el doble del monto citado. A todos les gusta destacar a los valientes emprendedores que comenzaron con casi nada su camino hacia el éxito y con razón, pues se justifica el respeto que han engendrado. Lo cierto es que son valores atípicos y no indican lo que sucede la mayor parte del tiempo. En el boxeo hay un famoso dicho que describe con claridad lo que digo: "El hombre más grande no siempre gana, pero esa es la forma de apostar". En el mundo empresarial, la apuesta va a las compañías que tienen mucho efectivo.

4) Un Plan de Compensación que Promueve un Crecimiento Saludable

Crear el plan de compensación adecuado es uno de los más complejos proyectos que existen, con matices y situaciones desconcertantes que abordar; sin embargo, esta es un área a la que la mayoría de las nuevas empresas le dedican la menor cantidad de tiempo, pues imitan al modelo que más éxito proporciona, cambiando los nombres de los rangos y un par de porcentajes. ¡Esta es una idea horrible, porque los planes de compensación no son "talla única"! Actúan influenciados por el tipo de productos que ofrecen las empresas a las que imitan, cuántos componen el catálogo, estructura de precios y la cantidad de consumo continuo que producen. Cada compañía debe emplear ciencia delicada y precisa para diseñar un plan efectivo que cumpla con lo más importante: promover un crecimiento saludable.

Escribí un desglose extremadamente detallado del diseño del plan de compensación en *El Éxito en Venta Directa*, así que estás al tanto de que no lo repetiré aquí; en consecuencia, para que suceda el crecimiento exponencial, el plan necesita recompensar a la gente por tener el comportamiento correcto: desarrollar una base de clientes y trabajar en grupo. Si el plan de tu compañía premia lo contrario, como cargar a los recién llegados con costosas órdenes de activación para obtener bonos de inicio rápido o concentrarse en inscripciones personales, lo único que sucederá es que habrá movimiento inicial, luego se estancará y jamás creará momentum.

Digamos que una empresa tiene estos cuatro elementos en forma de espadas, y aun así no tiene posibilidades de alcanzar el crecimiento exponencial porque le falta uno más en la ecuación. No importa lo asombroso que sea su producto, tampoco cuán dinámico sea el equipo corporativo; menos, la cantidad de dinero disponible y que el explosivo plan de compensación sea "supercalifragilísticoexpialidoso". Jamás llegará a esa fase porque el impulso sólo puede ser creado por...

5) *Un Fuerte Equipo de Liderazgo de Campo*

Son los líderes de campo quienes crean la cultura que genera este crecimiento, operando con una impecable integridad, modelando el comportamiento correcto, brindando un verdadero apoyo al equipo a través del sistema y la infraestructura, esforzándose en hacer el trabajo necesario. Dicho de otra manera, la clase de líder que hace las cosas de las que estamos hablando en este libro.

El momentum que origina el crecimiento exponencial es simplemente la acción de escalar la integridad, el apoyo y el liderazgo con el fin de que llegue a una gran franja de personas.

¡Jamás es producido por un solo líder, no importa cuán poderoso sea! Requiere un equipo de liderazgo diverso, que refleje la composición de la población, y que funcione en conjunto para crear un producto terminado, me refiero al sistema, que es más grande que lo que cualquier individuo pueda conseguir por sí mismo. Por lo tanto, te aliento a crear grupos de estudio y jornadas de capacitación con tus líderes clave entorno a los capítulos de este libro.

Por más de una década trabajé para una empresa en la que tener el pin de Director Diamante era, dentro de la serie de rangos, el mayor premio que alguien podía alcanzar. Y eso que al llegar al primer rango Diamante me trataron como a un miembro de la realeza. Pusieron mi foto en las vallas publicitarias de mi ciudad natal, me trasladaban en helicóptero a los eventos apenas llegaba al aeropuerto, y crearon una historia documental de mi vida para transmitirla en la convención anual al momento de recibir el galardonado premio. Honestamente, me trataron con más reverencia y respeto de lo que algunos primeros ministros reciben las visitas de estado. Para mí, que fui expulsado de la escuela secundaria, estas experiencias fueron de los momentos más emocionantes de mi vida.

Al estar en el extremo receptor de ese tipo de admiración, devoción y veneración, es inevitable acostumbrarse a eso pues entré en un círculo íntimo del que no quería volver a quedarme afuera, lo cual prueba que el programa de reconocimiento siempre es más poderoso que el dinero. Mantener este tratamiento me llevó a estar enfocado en calificar todos los meses, impulsándome a alcanzar niveles más altos.

Y como en este manual soy transparente contigo, te cuento que no ser tratado de la misma forma en todos los eventos también puede ocasionarte una pequeña punzada de celos.

Este es el motivo: a medida que avanzas en la carrera, la distancia entre los rangos se vuelve cada vez más difícil de alcanzar, en contraste a las etapas más bajas de un plan de compensación en las que se puede llegar a ciertos rangos con un avance de doscientos a cuatrocientos puntos por semana. Para el caso de los niveles superiores, el salto podría ser de un millón a dos millones de puntos; o de éstos últimos a cuatro millones. Es así que en el nivel élite del plan, nadie alcanza el siguiente rango cada año; por lo tanto, por favor que los ejecutivos de la compañía vuelvan a leer la última oración. Sí, claro que puedes duplicar con tu equipo y aumentar el volumen, pero no significa que alcances un nuevo rango de una convención a la siguiente.

Dicho esto, es bastante fácil que te sientas un poco disminuido y abandonado, aun sentado en la primera fila, mientras otros líderes cruzan el escenario para cautivar a los asistentes a la convención con sus historias de triunfo, prodigándose elogios y reconocimiento. ¡Fui el principal generador de ingresos del mundo durante siete años consecutivos! Sin embargo, había momentos en que me sentía mezquino y celoso por estar fuera del centro de atención después de todo lo que logré.

Esa no es una gran demostración de liderazgo, pero sí de cómo es el ser humano; en consecuencia, nuestra misión es convertirnos en nuestras mejores versiones posibles. Lo que sucedió después fue la culminación del ello.

A medida que evolucioné, algo fascinante comenzó a ocurrir. Dejé de desear el reconocimiento escénico por mí mismo, reemplazándolo con la alegría que me producía el ver a mi gente, y los líderes que desarrollé, recibir las recompensas producto del esfuerzo. Cuando estés en la primera fila regocíjate de los líderes ejemplares que ayudaste a formar en el camino.

Más de una vez me habrás escuchado decir que tu trabajo más importante es salirte de él; pues, cuando te deleitas viendo a tus líderes obtener sus justos premios, sabrás que cumpliste con tu función, la misma que seguirá creando un fuerte equipo de liderazgo que puede sobrevivir sin ti.

A medida que desarrollas la cultura, diseñas el sistema y construyes la infraestructura, ten en mente este potencial resultado de crecimiento exponencial. Te lo repito, es más fácil construir rápido que hacerlo lento; y, más divertido en grande que en pequeño. ¡Haz tu mejor esfuerzo para facilitar el momentum!

Con estos cinco elementos en su lugar estás en condiciones de crear un sólido crecimiento; no obstante, primero tendrás que superar muchas dificultades como enfrentar egos, personas tóxicas, cáncer por el comportamiento de los *crosslines* y competidores que querrán sacarte del negocio, además de zombis, dinosaurios, parásitos y terroristas. En cualquier caso, requieres la preparación DEFCON 1 para encarar los problemas, así que vamos por ello.

Capítulo 7

Dinámicas de Campo Peligrosas y Cómo Resolverlas

Te lo advertí en el último párrafo del capítulo anterior. Algunas personas con esas características estarán en tu equipo, en otras líneas, en el corporativo y en la competencia. Sus comportamientos serán diversos, entre auto sabotaje y buenas intenciones, pero dañinos en ambos casos; además, algunos se enfocarán conscientemente en la tarea de que fracases. Con la premisa de que el negocio es impulsado por gente, a veces las encontrarás amables, atentas, cordiales; o, mezquinas, celosas y desagradables. El resultado es que crean situaciones que requieren una preparación DEFCON 1 de tu parte, así que tu trabajo como líder implica muchas maneras de interactuar con ellas y los escenarios en los que se desenvuelven.

Algunos de los objetivos por los que los grandes líderes se esfuerzan son los siguientes:

- Ayudar a las personas a superar, tanto sus creencias limitantes, como el comportamiento autodestructivo.

- Desafiar a su gente a convertirse en la versión más alta posible de sí mismos.

- Resolver conflictos creados por los celos, el ego y la "rivalidad entre hermanos", en distintas líneas.

- Proteger al equipo de dinosaurios, zombis, parásitos y terroristas.

- Mantener abiertas la comunicación y la asociación entre la empresa y el afiliado.

- Ejecutar la pena de muerte para eliminar a quienes ponen en peligro a la Gallina de los Huevos de Oro.

En este capítulo, exploraremos cómo manejar las dificultades que ocurren en el campo cuyos protagonistas son los integrantes de tu equipo, *crosslines* y competidores de otras compañías. En los próximos abordaremos las mejores maneras de responder a los desafíos planteados por los reguladores corporativos, gubernamentales y otras fuerzas fuera de tu control.

Navegación Entre Líneas (*Crossline*)

Comencemos la discusión con un vistazo a la forma de trabajar con varias líneas, ya que es una habilidad esencial que todo líder exitoso debe dominar. Las cosas eran más simples en el pasado porque mantuvimos la política de que "no debería haber negocios entre líneas"; por ejemplo, si patrocinaste a Pete y Elizabeth quienes se encontrarían en los eventos del equipo, seguro participarían de algunas bromas amistosas, cruzarían palabras, pero jamás llevarían su discusión a temas relacionados con el negocio. Hoy, en la construcción de planes de compensación, las líneas no se definen con claridad.

Voy a que puedes patrocinar quince afiliados personales, pero todos están en una o dos líneas comunes; dicho de otra forma, sólo para que sea interesante, tienes líneas de gente que no están en ningún lugar de tu equipo, sino en las líneas de los demás, así que son *crosslines*, en cierto sentido. Como resultado, a veces se pone complicado, muy desordenado y no hay forma de evitarlo, pero sí de manejarlo y unas formas son mejores que otras.

Hay muchas funciones de soporte, como la capacitación, donde el enfoque más productivo es trabajar con todo el equipo; en su defecto, con diferentes *crosslines* o incluso con toda la compañía en su conjunto como en una convención anual. Aun así, al igual que en las familias, a veces se desarrollan rivalidades entre hermanos. Gran parte de tu éxito será efecto del aprendizaje que tengas sobre cuándo hacer que participen múltiples líneas o identificar el momento de aislar a una de ellas; también respecto a cómo proceder cuando las líneas interactúan por sí mismas con peligrosas prácticas que no son beneficiosas para todos los involucrados. Vamos a los ejemplos para que entiendas con claridad.

UN LÍDER DESHONESTO SE SEPARA DEL EQUIPO

Sin temor a equivocarme este es el problema más frecuente y complicado con el que te encontrarás. Por lo general, un movimiento de este tipo es impulsado por conflictos de ego difíciles de resolver, dado que los involucrados no sólo creen que son impecables sino también que el universo gira a su alrededor. Son los que aparecen en escenarios y transmisiones en línea embriagados de fama, adulación y gloria; además, deciden que lo mejor para el equipo sería, en términos de liderazgo, que su presencia es la única oferta en el menú para su gente.

La dificultad se basa en que cada persona del equipo tiene la prerrogativa de hacer esto, pues trabajan en su propio negocio y generan ingresos por tal efecto. Desde su punto de vista, la totalidad de miembros provienen del linaje que han impulsado personalmente con afiliaciones directas; así que, desde una determinada perspectiva, han construido toda la estructura, lo cual a veces es cierto y en otras ocasiones delirante. La verdad es que la razón principal por la que la organización creció y prosperó se debe a la gente, dentro de la línea de patrocinio, que trabajó con personas de los niveles inferiores, sin mencionar que en varios de los planes actuales de compensación se los ubica directamente debajo de ti. Este es el punto en que la existente infraestructura de capacitación, herramientas, eventos y sistema juega un papel integral.

El tema es que, por cualquier razón válida o no, un líder decide desconectarse con el fin de organizar sus propios eventos e impulsar el sistema que cree conveniente, lo cual te pone al frente de una situación que requerirá de tu cuidado y delicadeza.

No se trata de que descalifiques en público a este líder rebelde; si lo haces, lo alejarás para siempre y esparcirás como un virus la negatividad dentro del grupo. Tampoco me refiero a que respaldes sus acciones a viva voz, ya que eso enviaría un confuso mensaje al resto del equipo; entonces, la crisis ocurrirá porque los integrantes del equipo afectado se te acercarán manifestando la intención de seguir contigo pues no quieren separarse del grupo grande. ¿Lo ves? Mientras son parte del equipo del líder rebelde, también son del tuyo, así que tienes la responsabilidad de ayudarlos. Permíteles participar en tus eventos e infraestructura sin mencionar cosas negativas sobre el líder desconectado, donde el resultado perfecto sería que el mencionado personaje reconozca la sabiduría de reintegrarse al gran equipo. Si eso no sucede, normalmente no ocurre, tu segundo objetivo es mantenerlo a él y a su gente dentro la compañía, coexistiendo de manera pacífica, en lugar de que tomen la decisión de ir a otra empresa.

El Líder Es Una Persona Tóxica

La mayoría de seres humanos teme a la confrontación, así que elige decirle al resto lo que ellos quieren escuchar. Esto funciona para sobrevivir a la política, dentro de una guerra de cubículos corporativos, pero no para liderar un equipo o lograr algo que valga la pena. ¡La toxicidad nunca desaparece! Se corrompe y pudre infectando todo a su alrededor, así que las personas tóxicas son vampiros energéticos que cargan, metafóricamente, un conjunto de cuerdas y arneses con la esperanza de engancharse de cualquiera que se cruce en su camino para absorber toda la energía de su cuerpo. En un equipo son "cáncer de camerino" así que debes abordarlos y hacer frente a las toxinas.

En primera instancia, actúa a través de una suave persuasión, pues la mayoría de personas negativas no tienen idea de que lo son, de verdad. Estoy seguro de que yo tampoco me di cuenta que lo era. Piensan que son realistas, contrarios y "dicen las cosas como son", tanto que encuentran nubes grises en cada tema positivo. Aliéntalos a participar de forma proactiva en el ámbito del desarrollo y crecimiento personal, así que recomiéndales libros dirigidos a tópicos como persuasión, relaciones y comunicación. Te sugiero éstos, entre otros: *Cómo ganar amigos e influir en las personas* de Dale Carnegie y *Dar para Recibir* de Bob Burg y John David Mann.

Si eso no funciona, enfócate a darles asesoría mensual a través de reuniones personalizadas en las que mencionarás que se muestran negativos y tóxicos, lo que restringe sus posibles resultados positivos tanto con clientes como con miembros del equipo. ¡No lo hagas como una forma de "atraparlos" o vencerlos! Sí con un espíritu de empatía que demuestre tu voluntad de ayudarlos a progresar en dicho ámbito, lo cual será recibido de su parte como la útil llamada de atención a la cual responderán de manera adecuada.

Son raros los casos en que reciben muy mal la retroalimentación que les entregas, poniéndose a la defensiva o abusivos, donde su comportamiento desciende en espiral; no obstante, si la situación se vuelve extrema, deberás excomulgarlos de los eventos y plataforma de tu equipo. ¡Es un paso draconiano que sólo usarás como último recurso! Pero si la circunstancia lo requiere, no dudes en ejecutarlo. Nada mata más rápido a un equipo que una persona tóxica portadora de un pase de acceso total.

También cabe la posibilidad de que sean personas con graves problemas de salud mental o trastornos de la personalidad. Con los siguientes ejemplos los identificarás de inmediato:

- Son extremadamente carismáticos y centran su atención en ti para hacerte sentir especial. Cuando ya no eres valioso para ellos, repiten el comportamiento con otra persona.

- Son narcisistas, con un grandioso sentido de importancia personal. Creen que son "especiales" y que los únicos que los comprenden son individuos con las mismas condiciones; además, consideran que son demasiado buenos para estar restringidos por reglas y normas que rigen al equipo.

- No revelan mucha de su información personal, excepto para decirte quiénes son; por ejemplo: "Soy tan empático que, si te cortas, yo sangro". Quienes se adaptan bien no necesitan anunciar quiénes son pues dejan que su proceder lo demuestre.

- Les sobra tiempo para hablar de lo que quieren, pero no muestran interés en escucharte; en consecuencia, explotarán o lastimarán a otros sin ninguna culpa, con el fin de preservar la visión de sí mismos que están cultivando.

- Tienen un fuerte sentido de merecimiento, así que exigen tratamiento especial y esperan los adornos de los rangos más altos, incluso si no los han logrado.

- A su paso dejan cadáveres en el camino; es decir, personas que abandonan su equipo y realmente no tienen amigos en el negocio.

Quienes se encuentran en esta categoría están muy por encima de su calificación salarial y no permiten asesoramiento, así que requieren de la intervención de un capacitado consejero de salud mental. ¡Excomúlgalos de todo lo relacionado con el equipo! La consecuente observación es que las situaciones de este tipo deberían ser raras, y muy poco frecuentes; no obstante, si se te presentan todo el tiempo significa que la cultura de tu equipo es deficiente y necesitas trabajar en mejorarla. Una buena cultura debería provocar que estas personas se excluyan del equipo por decisión propia. Ahora, si estás seguro de que la cultura del equipo es adecuada, y aun así tienes a muchas personas tóxicas y disfuncionales que necesitan ser expulsadas, en realidad tu podrías ser la persona que necesita de un profesional de salud mental.

Tienes Un Líder Con Baja Autoestima Que No Quiere Ser Reconocido Por El Grupo

También están aquellos que creen que permanecer fuera del escenario es signo de humildad; al igual que los tímidos o introvertidos que prefieren quedarse atrás y dejar que otros sean la cara del equipo. En ambos casos, muéstrales que su comportamiento perjudica a sus negocios; y que, además, el equipo necesita verlos como parte del liderazgo. ¡La gente no quiere seguir a los seguidores, sino a los líderes! Y responde al real sentimiento de "orgullo de propiedad o pertenencia". Trabaja con ellos para aumentar gradualmente su exposición. Desafíalos a crecer, pero no llegues al punto de asustarlos como para que abandonen el negocio.

Tu Patrocinador Carece De Integridad

Esta es una pregunta difícil; y, al igual que ante el resto de problemas, tu nivel de respuesta debe contemplar diferentes niveles. Tal vez tu patrocinador sea uno de los dinosaurios de la vieja escuela que cree que el reclutamiento se realiza "con bombos y platillos" junto a abrumador sensacionalismo. Puedes hacerte de la vista gorda, pero no caigas en lo mismo.

¿Pero qué pasa sin son peores que un dinosaurio? Hacen escandalosas afirmaciones sobre ingresos, o productos, las mismas que amenazan a la Gallina de los Huevos de Oro;

o, tal vez es un zombi que salta entre empresas buscando siempre un mejor trato. El primer paso sería que hables con él y le expreses tus inquietudes. En caso de que el encuentro no produzca el resultado correcto, escala la conversación a su línea de patrocinio. Con escalar me refiero a "Hazlo como un adulto" ya que debes estar dispuesto a conversar con su patrocinador, y el siguiente en la línea ascendente, donde expondrás con claridad tu postura respeto a su comportamiento ofensivo o poco ético, ya que representa una amenaza para el negocio; por lo tanto, no es el momento de que seas manso. Si la línea de patrocinio tampoco resuelve la situación, llévalo a la empresa.

Considera que tu patrocinador, o alguien en la línea, roba reclutas o miembros que pertenecen a otros grupos del equipo, o de organizaciones ajenas para llevarlos a pirámides ilegales, venderles sesiones de entrenamiento de cinco mil dólares o lideran un grupo de tráfico de cocaína ¡No es broma, esto sucede! En cualquiera de estas circunstancias escala la situación, de inmediato, a la compañía; y, en caso que estés expuesto a actividades ilegales, notifícalo a las autoridades competentes.

Si el comportamiento ofensivo no se resuelve, tienes tres opciones: la primera, desvincularte del patrocinador para comenzar tu propia cultura y sistema, lo que implica una gran cantidad de años de trabajo. En segunda instancia, renunciar y permanecer inactivo durante el tiempo requerido, entre seis meses y un año según la compañía, hasta que puedas volver a inscribirte con otro patrocinador para empezar de nuevo. La tercera opción es que abandones definitivamente y te unas a otra compañía donde el patrocinador y los valores estén alineados con los tuyos, lo cual revisaremos a fondo en el Capítulo 12. Durante casi cuarenta años en la profesión, he implementado las opciones uno y tres, pero ninguna de ellas es fácil o divertida; sin embargo, cuando la integridad está en juego, hacer lo correcto es muy importante. ¡No lo olvides!

Por cierto, esto puede sonar descabellado, pero el hecho de que tu patrocinador manifieste públicamente en redes sociales el apoyo a un candidato del partido político que odias, no significa que sea un monstruo malvado y sin integridad. No es más que una posición diferente a la tuya.

Tienes Dos Líderes En Una "Guerra Civil" Y Están Tratando De Involucrar A Sus Equipos

Este es un ejemplo del por qué el "cortarse la nariz para fastidiar la cara" se convirtió en un cliché. ¡No hay nada más destructivo que permear la negatividad al grupo! Por lo tanto, no escatimes palabras en estas situaciones, reúnete con ambas partes y dales un ultimátum; es más, exige que toda manifestación pública de negatividad se detenga de inmediato o serán eliminados del equipo de liderazgo. Si su proceder continúa, amenazando a la Gallina de los Huevos de Oro, pon en su conocimiento que irás a la compañía y exigirás que sean separados, como te dije en el capítulo anterior. Estar en el medio de este tipo de drama es desordenado e incómodo, por eso es necesario que extirpes el tumor si deseas salvar al paciente.

Un Distribuidor Carece De Apoyo En Casa...

...y te llama para decir que ha recibido un ultimátum: "O el matrimonio o el negocio". Hablé acerca de caminar por la cuerda floja; sin embargo, este conflicto aparece todo el tiempo y tu función es evitar que la situación de alguien llegue a este punto de quiebre. En primer lugar, no crees presión y tampoco "culpes" al cónyuge o pareja que no se ha enamorado del negocio, pues este modelo no es convencional y amenaza al estatus quo de muchas maneras, lo que significa que hay una infinidad de personas e instituciones que nos atacan, tanto que en algunos lugares se ha creado una reputación negativa alrededor. Sí, también *hemos* tenido a gente sin escrúpulos, practicantes de sórdidas tácticas y de mala calidad en nuestras filas, durante mucho tiempo, lo cual ha afectado profundamente. Entonces, cuando te encuentres con personas escépticas, cínicas y/o negativas sobre nuestro negocio, dale el beneficio de la duda, despliega empatía y comprende los motivos que fundamentan su opinión.

Este es otro ejemplo sobre por qué no debes realizar eventos sociales del equipo tan seguidos, ya lo comentamos. Si tienes a alguien trabajando en el negocio tres noches a la semana y además lo invitas el viernes al juego de póker con las mismas personas, por supuesto que su pareja se molestará por la competencia con su tiempo.

El mejor remedio para esto es conocer a los cónyuges o parejas que no participan del negocio; y, especialmente útil, conseguir que asistan a uno de los eventos importantes de la compañía, pues genera un impacto positivo en ellos ante la energía que se despliega y la creencia que manifiestan. En tus propios eventos, asegúrate de reconocer y celebrar a *ambos* cónyuges.

Hay dos armas termonucleares, súper secretas, que provocarán un cambio de parecer en los compañeros o cónyuges escépticos, correspondientes al departamento de recompensas y reconocimientos: bonos de automóviles y viajes de premio. Ayuda a quien tiene una pareja escéptica a calificar para un auto adicional o un viaje gratis a Hawái en invierno, y te prometo que su cónyuge negativo se transformará instantáneamente en un renacido evangélico defensor del negocio.

Tienes Un Líder Que Promociona Seminarios Web O Eventos Incompletos, Para El Equipo, Fuera Del Sistema

Imagina este escenario: Juan, uno de tus directores, es invitado a un taller de Su Santidad, Prema Baba Swami Salami, quien antes era Ed y vendía planes de datos en la tienda de AT&T hasta que una noche, tras ingerir un poco de peyote levitó y viajó al Plano Astral donde se encontró con Jesús, Gandhi y Buda. Desde allí, recita a los cuatro vientos que dichos líderes espirituales lo ungieron con el estado Swami y lo enviaron de vuelta a la Tierra para llevar su mensaje a las masas, en calidad de ministro. Juan toma la decisión de asistir al evento en el Holiday Inn y sale convencido de que ha descubierto el verdadero significado de la conexión cósmica e intergaláctica, así que se dedica a promocionar el taller introductorio del Swami, cuyo precio es de quince mil dólares, entre todas las personas del equipo.

Melissa, una de tus nuevas distribuidoras que aún no ha ganado sus primeros cien dólares, toma un increíble seminario en línea de doscientos noventa y siete dólares cuya promesa de venta es que los afiliados aprenderán a construir un negocio de Ventas Apalancadas mediante la publicación de anuncios de Facebook. El facilitador del seminario nunca ha participado del negocio, no sabe nada acerca de la duplicación, pero Melissa está segura de que es una idea brillante; entonces, aunque no ha patrocinado a nadie, comienza a promocionar el curso dentro del equipo.

Pierre, uno de tus principales líderes, asiste a un seminario impartido por un experto. Desafortunadamente, muchos de quienes se consideran tales, son zombis o dinosaurios que se han vuelto irrelevantes en el negocio así que han pasado a ganarse la vida vendiendo, tanto cursos de capacitación genérica, como ofreciendo costosos programas de entrenamiento y retiro que cuestan entre cinco mil y veinticinco mil dólares. Pierre se enamora tanto de la promoción de estos productos que su propio negocio entra en tendencia a la baja.

En todos estos escenarios, y muchos similares, se rompe una regla fundamental de nuestro negocio: "Nunca te metas con los ingresos de otra persona".

Si asistes al taller sobre *Cómo tener un niño interior metafísicamente despierto y coagular cósmicamente tus chakras*, y crees que es transformador, esa es tu prerrogativa, sin duda; sin embargo, al recomendarlo a los distribuidores del equipo de Jerry, estás jugando con sus ingresos, ya que su gente podría dejar de asistir a los eventos principales porque su tiempo, atención y dinero se desvían a actividades externas. Los líderes trabajan excepcionalmente duro para presentar suficientes eventos de capacitación dirigidos al equipo, sin llegar al punto de abrumarlos, para que el positivo efecto buscado se transforme en lo contrario, así que no apreciarán que un extraño estropee la dinámica.

Es importante que tu formación y cultura incluyan la filosofía "Nunca te metas con los ingresos de otra persona".

¡Cesa de inmediato a quienes promocionen eventos de capacitación o herramientas de *crosslines*! Jamás recomiendes algo, incluyendo este libro, fuera de tu propia línea; por lo tanto, cuida tus asuntos y mantente alejado de los demás.

Has Patrocinado A Alguien Que Es Una Fábrica De Distracciones

Los humanos son criaturas divertidas. Los que se unen al negocio dicen que toman la decisión porque quieren tener éxito; luego, cuando se les da a elegir entre hacer el trabajo que los llevará a tal fin o participar de una distracción, un gran porcentaje de ellos opta por ver videos de gatos.

En este negocio hacemos dinero de una manera, y sólo una, que es conseguir clientes que compren nuestro producto o servicio. Para tal efecto, esto sucede de dos maneras, y sólo dos: Das una presentación y los asistentes compran; o, reclutas a alguien para que se convierta en distribuidor y le enseñas a hacerlo. *Sólo nos pagan cuando el producto o servicio llega al consumidor final.*

Suzie tiene la opción de invitar a los mejores candidatos de su lista a la próxima presentación, pero también está la posibilidad de ver la transmisión de un competidor para "ver qué está haciendo". ¿Qué actividad crees que elegirá?

Parte de tu rol como líder es practicar el "amor duro" y dirigir de regreso al trabajo a quienes necesitan hacerlo para conseguir el éxito. Ellos se comunicarán contigo para presionarte con emergencias tales como saber el motivo por el cual la nueva etiqueta en las barras de energía es verde en lugar de roja, o por qué el valor en puntos del jabón para platos cambió de 12PV a 11PV; inclusive, querrán centrarse en el chisme sobre lo que hace otra línea o compañía, debatir el potencial de la técnica que algunos dinosaurios o zombis promulgan en su curso vía Instagram, discutir los porcentajes que paga un cierto nivel del plan de compensación y analizar por qué la compañía eligió tal o cual destino para el viaje de premio. Creen que las dos horas por noche en las que se dedican a ver videos con gatos sobre aspiradoras y perros en tablas de surf cuentan como tiempo efectivo de construcción de la lista de candidatos o de investigación de mercado.

¡Tienes que matar las distracciones como un Ninja!

Cuando tu gente te contacta en situaciones como las descritas, y cien millones de personas restantes hacen lo mismo, tienes que matar esa distracción y dirigirlos de regreso a la Directriz Principal, también conocida como *Orden General de la Flota Estelar 1...*

Coloca a los candidatos frente a una presentación de marketing para que tomen la mejor decisión.

Conocer gente, trabajar en tu lista de candidatos, invitar y organizar presentaciones son actividades "que hacen llover" en alineación con la Directriz Principal. Cualquier otra actividad no es más que mantenerse ocupado.

LÍDERES QUE SE DISTRAEN FÁCILMENTE O ESTÁN FUERA DEL SISTEMA

El lugar más sagrado de tu organización es el escenario en el que suceden los eventos, tanto presenciales como en línea, facilitados por los líderes del equipo. Cada que presentas a alguien en uno de ellos, existe un implícito respaldo a que lo que se dice es verdadero y correcto; por lo tanto, si alguien pierde la trama y promociona cualquier elemento fuera del sistema, césalo de inmediato. ¡Explica nuevamente el sistema y lo que esperas de ellos! Si no te entienden, abre el libro en este párrafo y muéstrales; no obstante, si les cuesta, o no quieren, seguir el sistema, elimínalos de las plataformas públicas.

Tienes Un Miembro Del Equipo Que Está Reclutando Para Otra Compañía

Esta es, en realidad, una de esas situaciones que tienen un protocolo a seguir y consideraciones legales añadidas. Supongamos que has inscrito a Rex, quien a su vez patrocina a Matthew, Mark, Luke y John en calidad de afiliados personales y directos. Dado que Rex es contratista independiente y ellos trabajan para él, si quisiera reclutarlos en otras diez compañías, tiene el legal derecho de hacerlo, pues también se considera como un protocolo ético dentro de la profesión, aunque no es inteligente. Puede que no estés de acuerdo con esto, o no te guste, pero no tienes ningún recurso para rebatirlo. Es el ingreso de Rex y no puedes meterte con él.

Vamos un nivel más abajo. Matthew patrocina a Sarah y Rex *no tiene* el derecho legal de acercarse a ella, pues la mayoría de las Políticas y Procedimientos de la compañía también lo prohibirían. Del mismo modo, si Matthew se aproxima a algún distribuidor de otra línea, no tendría justificación legal o ética para hacerlo.

El reclutamiento de otras líneas para una oportunidad distinta es una práctica peligrosa, dañina que debe abordarse de manera inmediata y contundente; por lo general, mediante el despido. ¡Los que intentan construir más de un programa en simultáneo jamás tienen éxito! Por lo tanto, no hay pérdida a largo plazo con el despido de alguien que hace esto; en cambio, no hacerlo, infectará al resto con este comportamiento y eso es algo que quieres evitar por completo.

Uno O Más De Los Principales Líderes Se Van Para Unirse A Otra Empresa

Esta situación puede ser devastadora, insignificante o aterrizar en un punto intermedio. La prueba social que provoca, al sacudir las creencias de los líderes de campo en una empresa, se traducirá en retención, o no, de la gente. Cuando uno de los principales líderes, o varios de ellos, renuncian para unirse a otra compañía, el efecto envía ondas de choque a través del equipo que, con frecuencia, los llevará a pensar de esta manera: "Si Stuart, el principal líder que gana mucho dinero ya no cree en la empresa, ¿Qué posibilidades tengo? ¿Qué sabe él que yo no sé?"

Esta situación es similar a cuando los padres les revelan a sus hijos que se están divorciando. Si los primeros son negativos y entran en pánico, los niños estarán petrificados y sentirán susto sin importar cómo lo manejen sus progenitores. Voy a que la forma en que tú y otros líderes responden a las deserciones, juega un papel decisivo en lo dañinas que son las salidas. ¡Este es el punto donde el arduo trabajo que hiciste para apoyar a tu equipo, o no, dará sus frutos!

Al igual que en el escenario de reclutamiento entre *crosslines*, aquí hay un protocolo aceptado: si alguien abandona una empresa por cualquier motivo, tiene todo el derecho de hablar con sus afiliados personales para informarles su decisión y pedirles que lo acompañen; sin embargo, si se acerca a otros en el equipo, o miembros en otras líneas, actuará de forma poco ética ante lo cual debería ser cesado, si aún no se ha ido, y enfrentar acciones legales muy posiblemente.

La forma en que respondas a estas situaciones dependerá de cómo se esté conduciendo el líder saliente. Si se va de manera ética, sólo o acompañado, dale el respeto que se merece pues no hay motivos para sentir vergüenza por la gente que se va. Los DJ de radio dejaron a *Hot 105* para trabajar en *97 JAMZ* y viceversa; igual con los ejecutivos que salen de Burger King para ir a McDonald's y al revés.

Años atrás, una compañía se acercó a una pareja de líderes de alto nivel en mi equipo con el fin de que relanzaran Estados Unidos bajo una nueva marca para ellos. Por mucho que odiara el verlos partir, también celebré el progreso que alcanzaron para que otros se fijen en ellos con el objetivo de tenerlos en sus filas. Le dije al equipo que me sentía honrado de que mi "árbol de entrenamiento" se haya desarrollado en tantas compañías a lo largo de los años. Lo han hecho bien, a mí me ha ido bien y somos amigos hasta el día de hoy.

Hace un rato te conté la historia sobre el momento en que mi patrocinador saltó del barco para subirse a otro. Cuando sucedió, ni una sola persona de mi equipo se fue con él, lo cual fue el reflejo de años de trabajo profundo en sus grupos, a través de entrenamientos, asesoría mensual, solidaridad y siendo accesible, en general. Además, me compadecí con ellos durante tragedias y celebramos nacimientos, graduaciones y victorias así que construimos una relación que se mantuvo por encima de los factores externos.

Otras Veces No es Tan Perfecto

A veces las personas se van incendiándolo todo con declaraciones, públicas y privadas, en tono despectivo, insinuaciones y mentiras descaradas. La compañía con la que han trabajado y les ha pagado durante años, de la noche a la mañana por arte de magia, se transforma en una cueva de inequidad, dirigida por deshonestos, estafadores y criminales. Cuando enfrentas este tipo de ataque, debes responder rápida y decisivamente pero no en su mismo tono. Comprende que quien se comporta así es una amenaza y está haciendo todo lo posible para sacarte del negocio así que no dejes que tales acusaciones queden sin respuesta.

En casos como este, siempre será mejor que tu equipo se entere de primera mano, a través tuyo, enmarcado en el contexto correcto. Por defecto, yo digo algo como lo siguiente: "Edward y Rachel han decidido renunciar e irse con otra compañía. Les deseo éxito en su nuevo esfuerzo" porque quiero mantener las cosas positivas; sin embargo, si comienzan con mentiras y ataques responderé con fuerza, reconociendo mi profunda decepción ante su elección y refutando cualquier tergiversación que venga de su parte.

Si tienes a alguien que se va usando este comportamiento cargado de ataques negativos, graba sus transmisiones en vivo y toma capturas de pantalla de sus publicaciones; luego, envía la evidencia al departamento legal de tu empresa para que emitan severas advertencias sobre las consecuencias legales de la calumnia y la difamación. Si el infractor no cesa, la compañía debe presentar órdenes de restricción y/o demandas judiciales. No puede ser de otra manera.

Nota: ¡Sé inteligente y anticípate! Si descubres que alguien se va a otra compañía, o si crees que existe un riesgo de fuga, actúa para restringir su acceso a los correos electrónicos de los miembros y al sitio web del equipo, además de eliminar las credenciales de administración de las cuentas de redes sociales. No esperes hasta que hagan una transmisión vía Facebook, usando la cuenta del equipo, para revocar su estado.

Si eres un líder fuerte, positivo, que cumple con el trabajo que te propongo en este manual, no experimentarás un gran golpe cuando los líderes salten a otra compañía. Quienes abandonan así, sólo se llevan la fruta que cuelga de las ramas más bajas; es decir, personas ubicadas en los rangos más bajos del plan de compensación, sin éxito, que ven una oportunidad de alcanzar el estrellato en otro lugar.

Como ya has descubierto, este es un capítulo largo con escenarios DEFCON 1 que debes preparar para estas situaciones dentro de la compañía. ¡Y esto es sólo desde el campo! Todavía no hemos discutido temas del corporativo, mucho menos el ámbito relacionado al mundo de los zombis, dinosaurios, parásitos y terroristas fuera de tu equipo y la compañía, que pueden crear emergencias DEFCON 1 para ti. Ese es el siguiente tema por abordar.

Capítulo 8

Protegiendo a Tu Equipo Contra Zombis, Dinosaurios, Parásitos y Terroristas

Vuelve al momento en que viste esa primera presentación y decidiste entrar al negocio. Apuesto a que no tenías idea de que tendrías que defenderte de zombis, dinosaurios, parásitos y terroristas. Lo sé, suena como una compleja mezcla de ciencia ficción, documentales históricos, espectáculos médicos y thrillers de acción, ¿verdad? Pero es la cotidianidad de trabajar en un negocio de Ventas Apalancadas.

Para protegerte de estas amenazas, y a tu equipo, necesitas saber cuáles son y cómo hacerlo, así que comencemos por definir los términos.

Zombis Del MLM

Son los muertos vivientes. Han estado en tantos negocios que su credibilidad murió hace mucho tiempo, pero continúan al acecho en la búsqueda de víctimas desinformadas. Determinan a qué compañía unirse basándose únicamente en las potenciales y personales ganancias sin tener en cuenta la viabilidad del producto, la integridad de las personas involucradas y la legalidad de la empresa. El único criterio de su interés responde, tanto a la calidad del trato amoroso que pueden negociar, así como al concepto de fácil comercialización para explotar a los crédulos. El momento en que saltan de un programa a otro es porque se agota el tiempo de vigencia de su último pacto o alguien les está ofreciendo uno mejor.

Casi una década atrás, la compañía con la que trabajaba abrió un nuevo mercado y estableció un acuerdo de este tipo con una pareja que vivía en los Estados Unidos. ¡Se dispararon hasta el lugar de mayor ingreso! Sin embargo, durante una auditoría forense salió a la luz el acuerdo, junto a una multitud de irregularidades financieras. El CEO fue despedido y la pareja pasó a otro programa.

Y siguieron saltando, de uno a otro, uniéndose a al menos cuatro diferentes en un año. El CEO despedido promovió al menos seis o siete programas diferentes dentro del mismo lapso de tiempo. Lo más loco es que los tres individuos mencionados siguen en el negocio, promoviendo hasta el cansancio una nueva oferta cada dos meses.

Desafortunadamente no son los únicos, pues todavía hay otros quince o veinte reyes y reinas zombis moviéndose con torpeza alrededor del planeta, comiéndose el cerebro de todos los que encuentran. ¡Los zombis nunca mueren!

En la actualidad, la vieja escuela de MLM y mercadeo en red está sufriendo un apocalipsis zombi. Éstos entran en tu empresa, generalmente con un trato especial que incluye una posición autocalificada o "pierna cocida", y traen a muchos otros de la misma especie, entonces avanzan a la velocidad de la luz a través del plan de compensación lo cual, sin duda, impresiona a otras líneas. Mientras eso sucede, buscan el siguiente trato caliente, lo aceptan y se llevan a algunas de estas personas con ellos. El ciclo se repite una y otra vez, aumentando el ejército de zombis para el próximo acuerdo.

En el momento que escribo estas líneas, muchos de los mercados de Estados Unidos y Europa han dejado atrás el concepto de comprar líderes, también conocidos como "Acuerdos de Desarrollo Comercial" o BDA por sus siglas en inglés "Business Development Agreements", en pos de avanzar hacia la cultura y modelo de Ventas Apalancadas, sacando a los zombis de la batalla; no obstante, en Australia y Asia, el viejo modelo BDA se mantiene, con personas saltando entre compañías.

Veamos algunas formas de protección personal y grupal. Lo primero, no seas presa de ti mismo. Aléjate de la idea de que, porque todavía no tienes éxito, la solución es saltar a otro programa. Si te divorcias de tu cónyuge cada vez que tienes una discusión, pasarás por unos ochenta anillos de boda y nunca experimentarás un matrimonio feliz. "Cómo elegir la compañía correcta" es el capítulo más largo de mi libro *Éxito en la Venta Directa*, el cual te invito a leer. Cuando lo hagas y tomes la decisión de inscribirte en una empresa, quédate con ella a través de todas las pruebas y tribulaciones. Si tiene éxito y varios de sus afiliados de igual manera, significa que tú también puedes lograrlo y que la razón de la falta de éxito eres tú, no la compañía.

Ten mucho cuidado cuando los zombis se unan a tu empresa. No te dejes llevar por la complacencia, dado que parecen seres amistosos y agradables, ya que en realidad sólo piensan en lo delicioso que será tu cerebro apenas empiecen a sacártelo del cráneo, por medio de gestos cargados de amabilidad.

Si eres parte de una compañía antigua y madura, lo más seguro es que tengas una línea de ventas bastante estable, por lo que no se considera como una empresa "popular" o "en tendencia". Si un zombi entra y alcanza rangos con la velocidad que una máquina produce palomitas de maíz en el cine, sentirás la tentación de edificar y resaltar sus logros ante tu equipo y candidatos para mostrarles que el híper crecimiento aún es posible en la compañía. ¡No lo hagas!

No puedes edificar los logros de un zombi sin edificarlo también y esto siempre volverá para atormentarte. Cuando salten del barco, y lo harán, sufrirás las consecuencias de haberlos validado de alguna manera. La mejor estrategia es que mantengas a tu equipo separado de los zombis y sus actividades. Más adelante profundizaré en esto.

Dinosaurios

Otra amenaza para tu equipo vendrá de ellos. Son quienes usan, metafóricamente, el traje de paracaidista de MC Hammer, porque creen que todavía vivimos en los años noventa. Pueden hacer tanto daño al negocio como los zombis, al promover ese sórdido, exagerado y falso estilo tan común hace unas décadas.

Sabrás que lidias con uno de ellos porque sigue el proceso exacto que se enseña en Dinosaurio MLM 101. Se parece mucho a esto:

- Anunciará en redes sociales que está realizando una investigación, intensiva e imparcial, para descubrir la mejor oportunidad disponible y solicitará sugerencias. Ni siquiera leen lo que contestas, sólo recopilan tu información para el contraataque.

- La siguiente publicación será sobre un gran anuncio.

- De ahí, transmisión en vivo confirmando que "ha encontrado su hogar" así que detallará a las cuatrocientas treinta y siete compañías que investigó, a través de la cual descubrió la oportunidad perfecta jamás desarrollada desde que se enfrió la corteza terrestre. El sensacionalismo que deja sin aliento continuará sin parar, ya que asegurará que nunca tendrás que vender productos, asistir a eventos de capacitación, manejar inventario, celebrar reuniones o reclutar a tus amigos y familiares.

- Programará publicaciones de Facebook, cada dos horas, sobre lo feliz que es al trabajar desde la mesa de la cocina, las promociones a las que ha accedido en los primeros siete días, lo fácil que es ayudar a todos a tener éxito y cómo los productos se venden solos porque todos los quieren. Además, las alternará con otras sarcásticas en las que sugiere que los trabajos son para perdedores "quebrados" y que sólo los idiotas asisten a la universidad.

- Hará referencia a la "abrumadora cantidad de gente que le ha enviado un mensaje directo", aunque nadie lo haya hecho, con el fin de inquietarte.

- Alquilará un auto exótico para una sesión de fotos, con el fin de crear la percepción de que el automóvil es de su propiedad.

- Publicará las fotos, compartirá citas de otros dinosaurios y parásitos, creyendo que eso es sinónimo de credibilidad dentro de la industria.

Los productos o servicios de cualquier compañía representada por un dinosaurio, están anclados a un pensamiento antiguo. Los de esta especie diseñan sus presentaciones centrándose en la opulencia, el dinero y súper deportivos autos exóticos. Si asistes a sus eventos, digitales o presenciales, sentirás que has sido transportado mágica y trágicamente en el tiempo, para convertirte en un personaje extra de un video de Flavor Flav.

Se especializan en crear urgencia artificial y hacen excesivo énfasis en el plan de compensación. Su discurso habla de alcanzar la curva de crecimiento exponencial, el impulso y la próxima gran novedad. Como te conté en el Capítulo 6, la mayoría de ellos nunca han experimentado el momentum y no tienen la más mínima idea de cómo crearlo, lo cual no les impide exagerar. Ten esto en mente:

Sólo hay una cosa peor que ser parte de una empresa que nunca alcanza el momentum, y es entrar en una después de que lo consiguió.

Si las personas están intoxicadas con la idea de alcanzarlo, no dudarán en saltar a la próxima compañía "caliente" cuando tengan la posibilidad de hacerlo. Así que, por favor, no hagas que el alcanzar ese momentum sea tu principal argumento de reclutamiento como lo hacen los dinosaurios. Busca un programa que ofrezca una gran oportunidad ahora, en dos años y dentro de diez, así que orienta tus presentaciones a personas inteligentes y no a las que se dejan impresionar con el bombo y la histeria.

Parásitos

Tanto en la naturaleza, como en las Ventas Apalancadas, ningún organismo es capaz de vivir en completo aislamiento, por lo que la interacción con otros tiene que ocurrir; es más, en los reinos vegetal y animal hay muchos ejemplos de parásitos que se adhieren o infectan a un huésped. Supongo que la orientación que le diste a tu nuevo afiliado no incluyó parasitología, así que estoy seguro de que estuviste toda la noche despierto analizando las diferentes clases de relaciones simbióticas. De tal manera, permíteme llevar a cabo una breve clase de ciencias sobre lo que enfrentarás en la construcción de tu negocio.

Comensalismo es una relación en la que una especie se beneficia de otra, sin hacerle daño. Es un raro tipo de parásito porque son pocos los simbiontes que no afectan a sus huéspedes; de hecho, no verás muchas relaciones como éstas en Ventas Apalancadas.

Mutualismo describe a la relación donde tanto el anfitrión como el simbionte se benefician. En contraste a la anterior, felizmente experimentarás mucho de esto mientras trabajas en tu negocio. ¡Habrá hoteles que te venderán salas de reuniones, plataformas de redes sociales en las que transmitirás tus presentaciones y concesionarios Lamborghini que venderán a tu empresa todos sus bonos de autos! De la misma manera, puedes contratar a un consultor o entrenador para mejorar tus habilidades de comunicación, aprender de etiqueta o cómo administrar mejor tus finanzas. Todas estas son relaciones mutuamente beneficiosas.

Amensalismo es una relación entre organismos de diferentes especies donde uno de ellos no se ve afectado pero el otro es invalidado o destruido. *Estos son los parásitos de los que tienes que cuidarte.*

Hay toda una artesanal industria de formadores, consultores y entrenadores que crean grandes negocios vendiéndonos consejos, donde varios de ellos son antiguos zombis o dinosaurios que se han quedado sin trabajo; de hecho, otros tantos y no pocos, desconocen lo elemental de nuestra profesión, pero ven una oportunidad lucrativa que pueden explotar. Dentro de la industria tenemos millones de distribuidores que están comprometidos de por vida con el aprendizaje, el crecimiento personal, el desarrollo profesional y están altamente motivados a tener éxito. Eso nos convierte en tentadores objetivos.

Estos parásitos afirman ser asombrosos reclutadores, brillantes entrenadores de ventas o expertos en redes sociales. ¡Usa un poco de sentido común! Si realmente tuvieran el secreto del éxito para el negocio, estarían en él, lográndolo por sí mismos.

En el actual entorno empresarial, debes vacunar a tu equipo contra los sitios web dedicados a la revisión, vigilancia y noticias de la industria. Quienes manejan estos sitios son expertos en Organización de Motores de Búsqueda en la Web, o Search Engine Organization SEO por sus siglas en inglés, quienes posicionan a estas páginas en la cima de los resultados de búsqueda cuando los usuarios ingresan los nombres de las empresas en el explorador. ¡Noventa y cinco por ciento de los sitios web son perjudiciales para tu negocio!

Sí, es verdad que algunos de estos sitios tienen buenas intenciones, pero están equivocados. Otros están diseñados exclusivamente como "cebo y cambio"; es decir, te invitan a leer reseñas sobre su empresa, pero en el fondo son piezas de éxito diseñadas para que te sumes a su compañía.

También están los que realizan encuestas sobre los mejores entrenadores, CEO o compañías. Su objetivo es, nada más y nada menos, capturar los correos electrónicos de los miembros de tu equipo para que los parásitos puedan reclutarlos o venderles basura. Si algo faltara, están los que emplean modelos de "pago por jugar" para ver a quién pescan. ¡No te dejes manipular! Estas páginas web son importantes para los zombis y dinosaurios que no conocen nada mejor. Aléjate de ellos y mantén a tu gente lejos de sus listas de correos electrónicos.

También debes distinguir qué blogs, boletines y revistas que cubren nuestra profesión y de verdad brindan valor para la construcción del negocio y no sólo para venderte mierda. Muchos son como los sitios web mencionados donde las personas *compran* la ubicación para aparecer. La palabra clave aquí es discernimiento. Sé lo suficientemente perspicaz como para saber con qué tipo de parásito estás lidiando.

TERRORISTAS

Necesitamos discutir sobre ellos. Practican terrorismo criminal, usan tácticas poco éticas para cometer abusos y cosechar ganancias inmerecidas; en otras palabras, harán o dirán cualquier cosa en su intento de tener éxito. Por añadidura fabrican mentiras en sus esfuerzos de reclutamiento, roban candidatos de otras personas, te menosprecian, mienten sobre ti a tus prospectos, manipulan órdenes en el *back office* para calificar a rangos más altos, etc.; inclusive, intentarán sustraer distribuidores de los miembros de su propio equipo.

Operan bajo una ética situacional que justifica cualquier comportamiento siempre que exista una forma de obtener beneficios personales. ¡Amenazan no sólo a la Gallina de los Huevos de Oro de su propia compañía, sino a todas las de la industria! Cuando operen en tu empresa, trabaja para darlos de baja, pero a menudo los encontrarás en otras compañías, así que lucha contra ellos allí también.

Si ves a un distribuidor de una compañía competidora cruzando la línea, repórtalo al departamento legal de su empresa; y, si eso no resuelve el problema, denúncialo en la agencia gubernamental correspondiente. Si eso te parece radical, esto es lo que creo: Hace menos daño a nuestra profesión el denunciarlos y cerrarles las puertas que ignorarlos y permitirles destruir nuestra reputación. Cuando vi esquemas piramidales como Skybiz, BurnLounge y OneCoin, no tuve reparo en exponerlos públicamente. ¡Necesitamos vigilarnos a nosotros mismos!

Esto No Es Lo Mismo Que Enfrentar A Un Competidor Legítimo

Cada compañía tiene su propia línea de productos, plan de compensación, y estructura de soporte con fortalezas y debilidades. Tu trabajo es hacer lo mejor con lo que tienes para ofrecer, y presentarlo de la manera más convincente posible, al igual que lo hacen los distribuidores de las demás empresas. Si lo hacen mejor que tú, inclina el sombrero y comprométete a crecer, pero nunca impugnes la reputación de competidores legítimos sólo porque pierdes negocio ante su presencia. ¡En lugar de tratar de derribarlos, mejora lo que haces!

Hemos analizado algunos de los escenarios DEFCON 1 que podrían surgir, tanto de los miembros de tu equipo como de aquellos ajenos a la empresa; sin embargo, ¿Qué pasa cuando la emergencia DEFCON 1 es creada por el equipo corporativo de tu compañía? ¿O por qué tu compañía se ha ido de pronto? Lo analizamos de inmediato.

Capítulo 9

Por qué el Noventa Por Ciento de las Compañías Actuales Estarán Extintas Para el 2025

Era el año 2017 y estaba listo para trabajar en la quinta actualización de mi primer libro sobre mercadeo en red; de pronto tuve una mejor idea y decidí escribir uno nuevo: *Éxito en la Venta Directa*. Reconocí que habíamos experimentado un cambio tan catastrófico y significativo en la profesión, así que las reglas también se modificaron. El entorno regulatorio, las redes sociales, la tecnología y el comercio electrónico transformaron el juego para siempre; por lo tanto, llegué a la conclusión de que necesitábamos dejar el viejo modelo de negocio, y con él a los dinosaurios y zombis, para avanzar hacia el futuro con el esquema de Ventas Apalancadas.

Al principio era una voz en el desierto, tanto que me tacharon de alarmista y que reaccionaba de forma exagerada; sin embargo, mes a mes, conforme se desarrollaba el mercado junto a la supervisión regulatoria en marcha, el tiempo y los hechos me dieron la razón. En tal virtud, te presento mi siguiente predicción:

Observa la lista 2020 del "DSN Global 100", donde aparecen las primeras cien compañías en cuanto a ingresos, compilada por la revista *Direct Selling News*. Guárdala y vuelve a revisarla en 2026. *Apuesto a que, al menos, el noventa por ciento de las compañías de la primera versión estarán fuera de la lista en diciembre de 2025.* ¿Motivos? Cambiaron su modelo de negocio, sus dueños las vendieron o estarán fuera de operación.

Muchos se sorprenden cuando lo digo. Hagamos el mismo ejercicio respecto a las que fueron las compañías más grandes del mundo de los negocios según el Índice Standard and Poor, la Bolsa de Nueva York y entidades similares alrededor del mundo. ¿Te acuerdas de Kodak, Kresge y General Motors? Llegaron a éstas listas y permanecieron en ellas durante décadas; no obstante, con el advenimiento de la tecnología, tanto la relevancia como los ciclos de vida empresarial, se han aceleraron a niveles insospechados.

Si comparas la lista del año 2010 contra la del 2020, la cantidad de cambios es alucinante, lo que no ocurría en los años cincuenta, sesenta y setenta. Si estudias el crecimiento del valor de las compañías como Apple, Google y Amazon, superaron con creces a aquellas que se consideraban verdaderas instituciones inamovibles; lo cual es cierto, lo fueron.

Odio decirlo, pero las compañías de nuestra industria no son tan sofisticadas, tal como muchas de esas antiguas grandes compañías que ahora están extintas; de hecho, francamente muchas son antediluvianas. Las empresas de Venta Directa han sido auténticos témpanos de hielo en cuanto a la velocidad con la que han adoptado la tecnología; por lo tanto, te comparto las cinco razones por las que considero que ocurrirá la extinción del noventa y cinco por ciento de ellas.

1) No Tienen Una Viable Línea De Productos Para Competir

Existen demasiadas empresas de un solo ítem. ¡Un producto es eso, no un modelo de negocio! Incluso si es popular, emocionante, moderno, sexy, viral. El hula-hoop, el pet rock y el frisbee eran productos sexys; sin embargo, un modelo comercial duradero y sostenible requiere de una gama de productos coherente.

Hay demasiados productos similares en nuestro espacio. En 2018, a todos se les ocurrió un producto keto y para el 2019, todos se volcaron al CBD, incluso empresas con líneas completamente ajenas al tema. Perdimos el rumbo.

Las empresas tienen éxito cuando responden a una misión, una filosofía y una razón para ir más allá de obtener ganancias; por lo tanto, su línea de productos debe ser congruente con todo eso, alejada de la mentalidad conocida como "sabor de la semana" cuyo objetivo es mantenerse al día con la competencia, o agregar más productos al catálogo, independientemente de que quepan o no en él, sólo por tener una red de distribución. ¡Es importante volver a las bases! En contraste, el cinco por ciento de las empresas que sobrevivan a la reestructuración tendrán productos:

- Únicos.
- Notables.
- Exclusivos.
- Consumibles.

Aún más importante, la línea de productos agregará valor, resolverá problemas o, si es posible, hará ambas cosas. La mayoría de las compañías de nuestra industria comercializan productos genéricos, de calidad promedio, que se venden con diferentes etiquetas a múltiples compañías. Acuérdate de mí: Si la línea de productos no cumple con la mayoría de criterios descritos, o con todos, no durarán.

2) Su Modelo De Negocio No Puede Operarse Desde Un Teléfono Inteligente

En el tercer mundo aún es difícil el acceso a computadoras portátiles, mientras que en el primer mundo las personas ya se mudaron de ellas; sin embargo, en ambos casos, todos tienen teléfonos inteligentes y manejan sus vidas con ellos.

Cada acción en el negocio, tales como prospección, pedido, inscripción, control de volumen, comunicación con el equipo y todos los requisitos diarios, deben poder operarse desde un teléfono celular. ¡Las aplicaciones móviles son vitales tanto para la prospección como para la venta minorista! Las empresas que no se ajusten a esta nueva realidad no podrán competir.

3) No Invierten En Infraestructura De Marketing

Si el ejecutivo de una compañía te dice: "Estos productos se venden solos", huye de él. ¡Rápido!

Incluso la heroína, la metanfetamina cristalina y los hongos mágicos necesitaron marketing inicial. No importa cuán increíbles sean los multivitamínicos, la línea de cuidado de la piel, o los batidos dietéticos, nadie los conocerá sin comercialización. ¡Por eso te pagan bonificaciones, por venderlos!

Por supuesto, para que lo hagas de manera efectiva, necesitarás de una infraestructura de mercadeo proporcionada por la empresa.

No todas las compañías entienden esto; en realidad, algunas no entienden cómo funciona el negocio en sí mismo. Otros piensan que pueden salirse con la suya a través de una baja inversión inicial al utilizar, en el campo, todas las funciones y materiales de marketing. En ambos casos están equivocados, y su miopía no sólo produce malos resultados, sino que aumenta la probabilidad de encontrarse con graves problemas regulatorios como para cancelar toda la operación.

Comencemos con el tema de la efectividad. Una valiosa infraestructura de marketing requiere de la perfecta integración de los recursos físicos y digitales, incluyendo el sitio web corporativo, páginas individuales replicadas para los distribuidores, aplicaciones móviles y asistentes de voz. Desde el punto de vista físico, me refiero a la integración de rotafolios, profesionales presentaciones de videos corporativos, folletos y catálogos de productos.

Está claro que no son el tipo de recursos que el distribuidor promedio podría desarrollar; y, con total honestidad, aun cuando pudieran, nunca generarán duplicación. *Para que estos elementos sean escalables y rentables, deben ser desarrollados y producidos por el equipo corporativo.*

Quizá la consideración más importante es el contenido de los materiales de marketing, dado que deben detallar los beneficios de los productos complementados con testimonios, casos de estudio e investigaciones. Por supuesto, deben explicar las recompensas del plan de compensación como bonos de viaje, automóviles y otros incentivos; además de mostrar el potencial de crecimiento del negocio y las recompensas a recibir por ser distribuidor independiente. Si la empresa deja el desarrollo de estos mensajes a distribuidores de campo, a tiempo parcial, está rogando que los reguladores la cierren, quienes estarán prestos para complacer la petición.

4) Su Plan De Compensación Sabotea Los Resultados

El diseño del plan de compensación es una ciencia muy compleja cuya raíz es crear una estructura de pagos y recompensas por el óptimo comportamiento de las personas que participan de él, así que el afiliado rápidamente aprenderá las maneras de maximizar su plan de pagos, o al menos es lo que debería hacer; por lo tanto, debe recompensar a quienes actúan de manera correcta y restringir el potencial de ingresos cuando su proceder no es beneficioso para el equipo. En consecuencia, clasifico a los planes destructivos en tres paquetes.

Paquete Uno: "Chico del Letrero"

Muy fácil de encontrarlo en las compañías que aún complacen a los dinosaurios; quienes, como ya sabes, creen que el secreto para que la empresa crezca es diseñar un plan de primer nivel para lograr que uno o dos afiliados se conviertan en los "Chicos del Letrero" al obtener un ingreso de cien mil dólares o euros por mes, lo más rápido posible. Con el objetivo conseguido, encienden la máquina que activa el bombo y las barras, usando al chico famoso como cebo para atraer a quienes consideran que este tipo de éxito también es posible para ellos; en verdad, ese resultado no es posible para todos. Estos planes tienen una enorme tasa de abandono y la mayoría de personas terminan agotadas, así que las empresas se verán obligadas a cambiar o serán eliminadas.

Paquete Dos: "El CEO no comprendió el plan de negocio"

El diseño del plan de compensación requiere una enorme sofisticación y no todos los presidentes o CEO tienen ese nivel de comprensión para entender cómo funciona el negocio en el campo. Cuando su empresa alcanza una meseta de ventas, ellos reaccionan con rígida mentalidad, así que su pensamiento se manifiesta en algo como esto: "Los líderes ganan mucho dinero y no trabajan lo suficiente. Cambiemos el criterio de calificación para el rango de Director Diamante de doscientos mil puntos a cuatrocientos mil". El resultado final es que muchos líderes se sienten traicionados y no califican; por lo tanto, se desmoralizan y comienzan la búsqueda de otra compañía para trabajar.

También lo hacen en este sentido: "El problema es que el asociado no está inscribiendo a suficientes personas nuevas; entonces, modifiquemos las reglas de calificación de rango para los líderes así que tendrán que patrocinar directamente a diez nuevos distribuidores cada mes". En su opinión suena y se ve bien, hasta en el papel, pero es una idea terrible.

Porque cuando un líder tiene un grupo grande, me refiero a más de diez mil integrantes, el mayor beneficio para él, su equipo y la compañía, no está en reclutar diez nuevos miembros mensuales directos. Si así fuera, en palabras de los ejecutivos, los líderes estarían muy ocupados con esos diez recién llegados entre sus primeras presentaciones, manejo emocional, capacitación inicial y actividades relacionadas, lo que no les dejaría tiempo para manejar las funciones importantes del equipo como agenda de eventos, equipo de comunicación, presentaciones de reclutamiento generales y otras acciones que afectarán a decenas de miles de distribuidores. ¡Los líderes de campo hacen crecer a las empresas! Así que si les toca dedicar un desproporcionado porcentaje de tiempo para asegurarse de que han calificado con el nuevo requisito, sencillamente el crecimiento se detendrá y cabe la posibilidad de que retroceda.

Paquete Tres: Planes que penalizan a los minoristas

Si analizas los planes de compensación de cien compañías diferentes, es muy probable que noventa de ellas no ofrezcan el mismo nivel, y calidad, de compensación a los minoristas respecto de los reclutadores. Mira las condiciones para calificar a los bonos de viaje, automóviles y otras recompensas. ¿Requieren una cierta cantidad de inscripciones de distribuidores para lograrlo? Si es así, el mensaje que envían es que los minoristas no son importantes para la compañía; es más, apuesto a que en la mayoría de compañías actuales no existe un camino cierto para que los minoristas ganen un auto adicional o muchos bonos de viaje.

Los miembros del equipo siempre construyen de acuerdo a las recompensas que el plan ofrece; entonces, si éste no recompensa las actividades de venta minorista equivalentes a las de reclutamiento, el mensaje transmitido de manera subconsciente es que el enfoque debe estar en inscribir a muchos distribuidores en desmedro de construir una base de clientes, lo cual también forma una cultura. Las compañías que hacen esto terminarán en problemas regulatorios con el posible desenlace fatal.

5) No Se Han Convertido En Empresas Tecnológicas

En mi último libro, desafié a todas las empresas de Ventas Apalancadas a convertirse en compañías tecnológicas en primer lugar. Voy a que, en lugar de pensar como una compañía de cuidado de la piel, se reflejen en cómo Apple vendería el cuidado de la piel. De igual manera, en vez de pensar como una empresa de bienestar, lo hagan sobre cómo Amazon vende productos de esa línea. Las dos áreas en las que la mayoría de las empresas son gravemente deficientes, desde el punto de vista tecnológico, son el comercio electrónico y las redes sociales.

Fallas en las Redes Sociales

Para una empresa, la presencia en las redes sociales no sólo le ayuda a crear su marca, sino que también le permite comunicarse con los clientes, lo que refuerza su capacidad de generar confianza y conexión con los distribuidores. La mayoría de las empresas de hoy tienen un encargado de bajo nivel en este tema, y se nota. ¡Las publicaciones son malos intentos de publicidad! Sin embargo, el mayor peligro que se desprende de la ignorancia en este tópico proviene de que las compañías no tienen políticas, procedimientos o capacitación para los distribuidores sobre cómo usar las redes sociales. El obvio resultado desemboca en uno de estos dos escenarios:

> 1) Los distribuidores no emplean las redes sociales, lo que los hace poco competitivos en el mercado.

2) Lo intentan a medida que avanzan, publicando extravagantes declaraciones sobre los productos o testimonios de ingresos que ponen a la compañía, de forma intermitente, en la mira de los reguladores.

Fallas del e-Commerce

El área principal en la que las empresas de Ventas Apalancadas se han quedado atrás, y quiero decir años atrás, es el comercio electrónico.

No hay mayor migración de clientes en el mundo, de una plataforma a otra, que el movimiento de personas que se han mudado, y lo siguen haciendo, desde los métodos convencionales de compra hacia el comercio electrónico.

Lo cierto es que las compañías de nuestra industria, lamentablemente, están poco preparadas, son inadecuadas y, con toda sinceridad, incompetentes, tanto que crean reglas contra el marketing en sitios como Shopify, EBay y Alibaba, metiéndose en una lucha feroz contra lo inevitable. Esto no terminará de manera diferente respecto al desenlace de las compañías discográficas que lucharon contra la transmisión de música, así como las de catálogo versus los grandes almacenes, y a su vez éstos contra el Internet.

Las empresas de Ventas Apalancadas deben incorporar al giro de negocio prácticas que permitan a los distribuidores comercializar sus productos y servicios a través del comercio electrónico, pero no en formas insignificantes o complementarias. ¡Las compañías necesitan construir un robusto modelo de procesos, capacitación y soporte en este campo! El distribuidor debe estar en capacidad de operar todo su negocio a través de un modelo de comercio electrónico completo si así lo desea; entonces, las compañías que no faciliten este cambio seguirán el camino de las tiendas de discos, las agencias de viajes y Blockbuster Video.

Ahora estás claro de las cinco razones principales por las que la mayoría de las empresas de nuestra industria se extinguirán dentro de cinco años. ¿Qué pasa si tu empresa carece de estas áreas? Préstales este libro a los ejecutivos de tu compañía y pídeles que lean este capítulo; al mismo tiempo, tendrás que usar toda la influencia que tengas para convencerlos de la importancia de estas cinco piedras en las que podrían tropezar. Si no entienden la magnitud de la situación, te enfrentarás a un dilema muy difícil.

Por el contrario, si la empresa maneja estos cinco campos, felicidades. Significa que al menos no estará automáticamente en la lista de dinosaurios para fines del año 2025, pero todavía no está fuera de peligro…

¡Así es! Las compañías también toman acciones estúpidas, negligentes e incluso ilegales que pueden ocasionar crisis DEFCON 1 dado que tienen un brillante y visionario fundador que, inconscientemente, puede destruir la empresa que tanto ama. En el próximo capítulo estudiaremos cómo saber si la organización está en peligro y qué hacer en ese caso.

Capítulo 10

Por qué los Brillantes Visionarios Fundadores y Directores Ejecutivos Suelen Fallar

Steve Jobs fue un brillante visionario que convirtió a Apple en una de las compañías más valiosas del planeta, lo cual nunca habría pasado si no era despedido de ella; claro, no fue sino hasta años después, cuando se convirtió en alguien mucho más sabio, aprendió de las lecciones de su primer desastre como fundador y convirtió el conocimiento adquirido en la capacidad de aportar valor a la empresa y a sus clientes. Lo misma pasa con Uber, otra de las más valiosas empresas en el mundo, que sin ceremonia alguna abandonó a su fundador. Literalmente, en la semana que escribo este capítulo, la compañía WeWork, que recién lanzó su Oferta Pública de Venta, pagó un paracaídas de oro de $1.7 billones de dólares, con una "B", para hacer que su fundador se fuera.

Odio vaticinar un resultado negativo, pero me temo que lo que planteo en este capítulo, y en el siguiente, me impactará en la venta de libros, dado que quienes me inspiran a escribirlos podrían prohibirlos en sus compañías.

¡Sería negligente si no cubriera este tema! Porque, con demasiada frecuencia, la persona más tóxica y disfuncional de la empresa es quien la creó, lamentablemente; o, en su defecto, los mayores obstáculos para el éxito empresarial surgen del equipo directivo, así que mereces saber la verdad.

Es muy simple, pero profundo, lo que debes entender. El conjunto de habilidades, y el tipo de personalidad, que se requieren para lanzar una empresa son dramáticamente diferentes a los mismos elementos que se necesita para administrarla. Son dos cosas distintas.

Visión Audaz No Es Sinónimo De Buena Administración

La idea que más mata a los carismáticos fundadores, errónea sin duda, es que creen que pueden evitar la toma de decisiones impopulares. La premisa fundamental para agregar valor es tomar decisiones en ese sentido; en contraste, al no hacerlo, las decisiones populares no añaden valor alguno.

Es necesario que los fundadores, presidentes y directores ejecutivos, al menos los buenos, tomen decisiones difíciles como despedir personas, eliminar productos y divisiones que no son rentables y suspender gente, entre otras. Los fundadores dinámicos y carismáticos no están listos para esto ya que se han acostumbrado a exigir respeto y a disfrutar, tanto de la admiración de la gente como de la consecuente popularidad. Esto se traduce en un comportamiento disfuncional que incluye la incapacidad para expulsar a personas poco competentes; lo que es peor, los mueven de un puesto a otro y lo único que dejan a su paso es un rastro de caos, confusión y calamidad.

La personalidad de un fundador se basa en la emoción que le produce la aventura de lanzar nuevas empresas, crear visiones audaces e inspirar a otros a seguirlas. En simultáneo, desprecia ser importunado con las molestas realidades como el manejo de recursos humanos, las finanzas y la logística. La mejor manera de demostrártelo es con otra embarazosa confesión de mi parte: soy el perfecto caso de estudio de esta realidad.

Cuando lancé mi negocio de oratoria y capacitación, se convirtió en un éxito inmediato. Volé alrededor del mundo dictando seminarios públicos para miles de asistentes y las empresas arrojaron mucho dinero sobre la mesa para que desarrolle programas de capacitación y materiales para sus equipos. Las ventas de mi propia empresa aumentaban y contrataba a más empleados para mantener a la oficina funcionando mientras me paseaba por todo el mundo. ¡La dirigí desde el bolsillo de mi camisa y las cabinas telefónicas! Mi participación en el mercado se expandió, al tiempo que los libros y álbumes de entrenamiento se vendían como pan caliente, convirtiéndome en el mayor experto en la materia; sin embargo, tuve un problema con dicho éxito: no generaba dinero real. Trabajé muy duro y redoblé esfuerzos enfocado en que las ventas fueran tan pero tan altas para que cubrieran los gastos, pero nunca sucedió.

Lo comprendí a regañadientes: era un líder brillante pero un gerente terrible.

Me di cuenta de que necesitaba contratar a un dinámico CEO, o Vicepresidente de Operaciones, para que dirija la administración diaria del negocio lo cual me permitiría continuar en mi papel como "creador de lluvia" encargado de traer el dinero. Anuncié la oferta y reduje la lista de entrevistados a seis candidatos.

En la primera entrevista, la candidata me impresionó. Ella había sido la asistente ejecutiva de Frank Borman, el ex-astronauta que huyó de Eastern Airlines, la aerolínea más grande del mundo en ese momento. ¡Quería darle el trabajo ese instante! pero ya tenía programados a los otros cinco.

Hablé con todos, con la misma importancia, pero estaba convencido de que ella era la adecuada para el trabajo; sin embargo, mi percepción cambió en la sexta entrevista con Sherry Peacock. Sucedió en mi oficina, con el escritorio cubierto de papeles y carpetas, rodeado de otros montones de ellas, esparcidas por el piso.

A los veinte minutos de diálogo, ella se inclinó hacia adelante y con tono decidido me dijo: "Necesito que sepa lo siguiente: Si decide contratarme, me encontrará aquí un sábado por la mañana para clasificar y organizar todas estas pilas de papeles y carpetas; si no lo hace, esperaré a que se vaya de viaje y tiraré todo a la basura".

¡La contraté en el acto!

Sería mi jefe, además de dirigir la empresa, tomar decisiones respecto a salarios, aumentos, vacaciones, justificaciones por enfermedad, programación de actividades, contabilidad, pago de facturas y todas las demás necesidades que un negocio requiere para mantenerse en funcionamiento. Eso me permitió aprovechar mis puntos fuertes, y volvimos a obtener ganancias en unos pocos meses; es más, Sherry condujo toda la operación hasta que vendí la empresa. Todavía tengo mi propia versión de Pepper Potts, una mujer llamada Lornette quien me ha mantenido en orden durante los últimos veinticinco años.

Cuento esta historia a los fundadores y ejecutivos de la compañía todo el tiempo, esperando que aprendan de mis errores; de hecho, creo que el más importante retorno de inversión que obtendrás de este libro será que secuestres al fundador de tu compañía, lo ates a una silla y le leas este capítulo en voz alta.

Desafortunadamente, esta historia en sí misma, tal vez no sea suficiente para penetrar el engaño y la negación de su fundador, así como tampoco lo es cuando la comparto con mis clientes en el campo de la consultoría. Son pocos los fundadores visionarios con la madurez emocional, la humildad y la sabiduría para reconocer que, en algún momento, tendrán que despedirse y traer un equipo para que los trenes salgan de la estación a tiempo. Desde esa perspectiva, hay muchas dinámicas que entran en juego.

El ego es una de ellas. Durante años he argumentado que éste no tiene que ser algo malo, pues se requiere de un ego fuerte y saludable que sustente el tener agallas para lanzar una empresa; en contraste, el dócil puede heredar la tierra, pero por lo general no crea nuevas compañías exitosas. El fundador tiene que creer en su sueño cuando nadie en el mundo lo hace, además de enfrentar el rechazo, la duda, la crítica y el ridículo. Su visión debe ser lo suficientemente fuerte para vendérsela a inversores, socios, empleados, miembros del equipo y proveedores. En una ocasión, Elon Musk comparó este rol con comer vidrio mientras contemplaba el abismo de la muerte.

Los fundadores son inmunes al rechazo, la duda, la crítica, el ridículo y el consumo de vidrio. Son personas tan poderosas que tienen las bolas, o los ovarios, para avanzar sin que les importe la duda externa, las críticas y quienes los odian. ¡Son una rara especie que el mundo necesita con urgencia! No obstante, cuando su ego está inflado, son incapaces de ver cómo inhiben el crecimiento y el progreso de la compañía, cuyo frecuente resultado es el fracaso.

A menudo, la falla inherente no es el ego, sino su falta de voluntad para renunciar al control, siendo las empresas basadas en la ciencia y la nutrición en las que más se repite el cuadro. El fundador podrá ser un brillante científico o notable investigador que desarrolla un producto innovador; es decir, un genio en su área de especialización, pero no sabe nada sobre logística, recursos humanos, finanzas, tecnologías de la información y demás actividades que implican la operación de una empresa. Cree que su invención es tan poderosa que se venderá sola, en grandes cantidades, así que el tener, o no, una administración competente es lo de menos. Intentan controlar todo y desconectarse de cualquiera que no beba Kool-Aid, así que en su desesperado intento de proteger a "su bebé", terminan matándolo.

Quiero aclararlo, los fundadores no tienen que ser científicos para que esto suceda, pues también ocurre con brillantes empresarios que desarrollaron conceptos de productos disruptivos en la industria, como Uber y WeWork, pero que no entendieron que las habilidades empresariales que los convirtieron en candidatos perfectos para dar a luz a su idea son los mismos rasgos que matan la gestión, organización y logística. Son súper carismáticos, la gente los sigue, pero este innato magnetismo no evitará el fracaso.

El Líder Mártir

En todos estos escenarios destacan síntomas similares: el líder no delega adecuadamente las responsabilidades, todos los subalternos le reportan y contrata a incompetentes aduladores, incluyendo a miembros de su familia; en otras palabras, se rodean de facilitadores. Él es la base de la empresa, cual mártir solitario que siempre apaga incendios, porque no confía lo suficiente como para contratar gente competente y dejarlos hacer su trabajo; o lo que es lo mismo, los ejecutivos deben presentárselo todo para su aprobación. En consecuencia, todo se convierte en un choque de trenes, incendios por doquier y un espectáculo de mierda en el que el mártir debe intervenir para salvar el día.

Entonces, para cerrar el círculo, el líder señala estas caóticas experiencias como evidencia de que nadie más que él puede manejar los problemas importantes, convirtiéndose en la justificación del por qué no delega de manera responsable; por lo tanto, se convierte en un bombero de jornada completa, sin el tiempo necesario para desatar el talento de genio loco que realmente posee.

Cada nueva y emergente empresa resolverá cuestiones como quién informa a quién y cuáles son los requisitos de trabajo para cada puesto; eso sí, desde el inicio todos los empleados deberán cumplir con tareas adicionales. Eso es normal para una joven compañía en desarrollo, pero cuando el fundador no comprende cómo operar, el dolor de cabeza que le produce el crecimiento de la empresa se convierte en un desastroso, frenético, caótico y peligroso escenario que detiene el avance hacia el éxito.

Cada empleado debe tener a quien reportar; sin embargo, ante la presencia de un líder mártir, todos tienen dos personas para tal efecto: quienes son sus jefes en el papel; y, "el verdadero jefe" mártir, lo cual interrumpe la cadena de mando, socava la capacidad de la persona a la que se le debe informar y garantiza la disfunción.

Dado que el líder mártir controla todo, los ejecutivos que le informan no tienen roles ni responsabilidades claramente definidos, así que su trabajo consiste en reaccionar ante cualquier crisis que esté consumiendo al mártir. Dicho de otra forma, una semana promedio del ejecutivo, supongamos que es la Vicepresidenta de Ventas, sería de esta manera: Alquilar un coliseo para la convención de la compañía, presentar las fórmulas de los productos para aprobación en el nuevo país donde la compañía iniciará operaciones, contratar al nuevo conserje, crear un PowerPoint para la próxima reunión del mártir, ordenar suministros de oficina, hablar con el maestro o consejero del hijo del mártir, programar una reunión de la junta directiva, publicar en la cuenta de Twitter del mártir, negociar extensiones de crédito con los proveedores y comprar una tumba, para el mártir, en el cementerio. ¡En serio!

Es posible que estos ejecutivos no tengan éxito, incluso si fueran competentes, aunque por lo general no lo son. Algunas de estas tareas, como enviar productos para su aprobación en un nuevo país, requiere un amplio conocimiento local del idioma, las leyes y las costumbres. Lo mismo sucede con el alquiler del lugar adecuado y la planificación de una convención. ¡Necesita personas capacitadas en estas áreas! Cuando no sucede, los resultados son desastrosos. Con frecuencia, el fundador no comprende las funciones que los directores de finanzas, recursos humanos, tecnología y operaciones deben cumplir dentro de sus responsabilidades; es más, y como ejemplo, conozco a uno que se quedó sin fondos y estaba convencido de que su gente le robó todo el dinero, cuando en realidad las ventas de la compañía crecieron tanto que requería siete millones de dólares en inventario de productos disponibles.

Si el visionario líder de tu compañía está abierto al cambio, pero no sabe cómo hacerlo, dale este capítulo y sugiérele que lea algunos títulos importantes como los siguientes:

- *Lo difícil de las cosas difíciles* por Ben Horowitz.
- *Lo que haces es quién eres: cómo crear tu cultura empresarial* por Ben Horowitz. Este también es una buena lectura para los principales líderes de campo.
- *Gestión de alto rendimiento* por Andy Grove.
- *Funcionó para mí: En la vida y el liderazgo* por Colin Powell.

Como dije, muchos de estos líderes son carismáticos, y auténticos genios mientras nadan en el carril adecuado, lo cual tampoco les impedirá destruir involuntariamente sus empresas; y, si tú, junto a tu equipo, están en una compañía así, padecerán el daño colateral. ¡Piensa bien antes de inscribirte en una compañía sólo porque su fundador es brillante y encantador! Si se ajusta a este perfil, en cualquier momento creará una situación DEFCON 1 para ti, así que analiza todas las consideraciones importantes antes de decidir, de manera diligente.

En los capítulos anteriores vimos que es necesaria la asociación entre el afiliado y la empresa, pero en ocasiones te encontrarás con gerentes que no están de acuerdo con ello; autócratas convencidos de que pueden exigir el cumplimiento de las políticas y procedimientos que se les ocurran. Sí, también están los que tienen buenas intenciones, pero no cuentan con un equipo competente en la base de operaciones; así como aquellos que no son íntegros en su proceder. Ese es nuestro siguiente tema.

Capítulo 11

Manejo de Errores Corporativos, Incompetencia o Malversación

Cuando elegimos trabajar con una empresa, sabemos que habrá consecuencias serias, tanto maravillosas como horribles. La mayoría de las personas que se unen a nuestro espacio no tienen ni la experiencia ni los conocimientos necesarios para saber cómo seleccionar la empresa adecuada y ese es el motivo por el que el capítulo sobre la selección de la compañía correcta en mi libro *Éxito en la Venta Directa* supera las cinco mil palabras. Te cuento que dicha obra, y en especial el capítulo nombrado, ya están provocando un cambio radical en la profesión, porque le entrega a la gente las herramientas necesarias para que tomen la decisión con confianza y precisión. En tal virtud, no repetiré el tema aquí; sin embargo, en este manual para líderes de campo, mencionaré los riesgos, las recompensas y las difíciles realidades acerca de empezar y administrar un negocio que no solo te deja vulnerable, sino también dependiente de otro socio: la compañía.

Veamos algunas de las específicas situaciones DEFCON 1 que tu empresa podría crear y cómo responderás ante ellas, junto a tu equipo, para protegerse del impacto.

La Compañía Emplea Personas Incompetentes En Puestos Importantes

Déjame compartirte un ejemplo. Estaba trabajando con una empresa que tenía programado abrir mercado en España en diciembre de ese año. Tanto mis líderes de campo como yo teníamos muchos contactos allí, conocimos la fecha de apertura con ocho meses de anticipación, así que hicimos un extenso trabajo previo al lanzamiento. Teníamos listos a seis experimentados líderes para desarrollar el negocio, junto a sesenta personas que se inscribirían apenas el *back office* entrara en funcionamiento; sin embargo, en noviembre la compañía trasladó el lanzamiento a enero, y en diciembre lo cambió a febrero. Comencé a aplicar fuerte presión, explicando cómo la decisión nos afectaba a los involucrados, tanto por la pérdida de credibilidad intrínseca, así como ponía en peligro la permanencia de algunos miembros del equipo. En enero, para evitar tener el otro ojo morado, la compañía retomó el plan de apertura para el mes de abril; pero, para el primer día de ese mes, no estábamos ni cerca de que aquello ocurriera. Fui enérgico y exigí una reunión con el presidente/fundador.

Era un líder mártir tal como te lo describí en el Capítulo 10, quien corría entre desastres con improvisado manejo de las situaciones; además, puso al frente del plan de expansión internacional a un abogado a quien llamaré Frank. Si bien era un gran tipo, con buenas intenciones y que trabajaba duro, llegó a la compañía sin capacitación ni experiencia previa en el negocio, mucho menos en la apertura de mercados. ¡Era un completo incompetente para el trabajo que le encargaron! Ante ello, el líder mártir anunció que organizaría, cada martes por la mañana hasta que el mercado se abriera, una videoconferencia junto a Frank, otros dos líderes de campo y yo.

En efecto, llegó el día de la primera reunión y en ella Frank anunció que España abriría en cuatro semanas a partir de esa fecha. Yo tenía muchas inquietudes, así que le pregunté al respecto. ¿Ya tenemos oficina allá? Respondió que no. ¿Tenemos gerente general o regional? No. ¿Tradujeron el sitio web al catalán? No. ¿Está completo el proceso de registro del producto ante las autoridades gubernamentales? No. Señalé que, si la traducción y el registro no estaban completos, era imposible que los productos estuvieran en producción. No estaban. Por lo tanto, indiqué que era absurdo pensar que la apertura sucedería en la fecha que indicó. Aunque algo avergonzado, Frank declaró que había enfrentado situaciones similares en otros países y que pese a ello lo consiguió en todos los casos; de hecho, más tarde me enteré que dichas aperturas tuvieron meses, y años, de retraso. Durante las siguientes tres semanas, insistió en que se cumpliría el plazo y que el mercado iniciaría operaciones según lo prometido. Lo cierto es que los otros líderes y yo ya no éramos tan estúpidos como para transmitir estas absurdas promesas a los posibles reclutas, quienes se alejaron para unirse a otras compañías.

En la semana de apertura, tuvimos otra reunión en la que Frank señaló que abriríamos en ocho días. Sin más, exigí información actualizada con el estatus de los pasos necesarios por cumplir: alquiler de la oficina, contratación del Director General, traducción del sitio web, etc. Al menos el noventa por ciento de ellos no se realizó. ¡No pude contenerme más! Anuncié que sólo un demente podía creer que abriríamos en una semana, así que demandé que enviaran a Frank a un chequeo psicológico, y abandoné la reunión.

Cinco minutos después recibí la llamada del inversionista principal quien también estuvo presente en la videoconferencia. Además de decirme que Frank estaba ofendido, me regañó por bromear al respecto y me sugirió que me disculpara con él. Como respuesta le expliqué que no bromeaba, que de verdad pensaba que Frank estaba loco; y que, sí el no creía lo mismo, probablemente él también lo estaba.

Eso no salió bien.

La amarga relación continuó durante meses. En la sede corporativa, todos los días había un gran contingente de empleados clavando alfileres en los muñecos vudú de Randy Gage, aunque era un héroe popular entre aquellos que realmente se preocupaban por arreglar la disfuncional cultura organizacional. ¡Ser muy impopular era un precio que estaba dispuesto a pagar! *y tú también debes estarlo* para darle a tu equipo la mejor oportunidad de supervivencia ante situaciones parecidas.

En Eventos Importantes, La Compañía Hace Demasiadas Promesas Sobre Próximos Lanzamientos De Nuevos Productos, Materiales De Marketing Y Promociones, Pero No Cumple Con El Tiempo

Esta situación es similar a la anterior y por alguna razón, la palabra de la compañía no es válida. ¿Incompetencia? ¿Irresponsabilidad? ¿Delirantes Expectativas? En realidad, no importa cuál sea la causa; sí, que la empresa no tiene credibilidad ante sus incontables promesas incumplidas, lo cual hará que tú y otros líderes caigan dentro del mismo saco, con la obvia consecuencia de que no podrás liderar al equipo de manera efectiva y tampoco hacerlo crecer. En situaciones así, será necesario que ejerzas presión máxima a la compañía en tu calidad de distribuidor superior o "Pie Grande".

Cada vez que la compañía prometa un lanzamiento, tendrás que obligarlos a hacer un análisis de la decisión con las variables "sistema versus resultado". Es de vital importancia descubrir los defectos inherentes a las decisiones que la empresa toma, los mismos que generan resultados negativos; por ejemplo: ¿Cómo se seleccionan a quienes toman las decisiones? ¿Quién los contrata y a quién le reportan? ¿Cómo son recompensados? ¿Se les paga con promociones, resultados o ventas reales? ¿Esa estructura de recompensa impactó su decisión? Para responder a tu pregunta: No, por supuesto que no es tu trabajo hacer esto y tampoco está dentro del tus responsabilidades como distribuidor; sin embargo, si la situación llega al nivel de DEFCON 1, estás llamado a hacer lo que sea para proteger a tu equipo.

En el caso de que la empresa no corrija su comportamiento, es posible que debas rechazar su conducta y capacitar a tu equipo en un camino poco convencional; por ejemplo, cuando la compañía anuncie un lanzamiento le dirás a tu gente lo siguiente: "No lo promocionaremos hasta que, de verdad, el producto sea una realidad. En ese instante lo incluiremos en nuestras presentaciones".

¡No te equivoques! Esta es una forma horrible de operar, pero menos aterradora que no hacerlo. Si sigues soportando a una empresa que no cumple con la mayoría de los plazos, terminarás perdiendo a tu equipo; por lo tanto, es mejor actuar en un entorno menos deseable, pero permanecer en el negocio. Si de todas maneras eso no arregla la situación, tendrás que considerar una solución final, de la que hablaré con profundidad en el siguiente capítulo.

La Compañía Promueve Deficientes Materiales De Mercadotecnia, O Fuera Del Sistema, A La Red

Lo mismo que arriba:

1) Pie Grande

2) Desconéctate de la compañía, si es necesario, para salvar al equipo.

3) Si eso no arregla la situación, considera la solución final.

La Empresa Está Paralizada Por Políticas Internas

Otra vez:

1) Pie Grande

2) Desconéctate de la compañía, si es necesario, para salvar al equipo.

3) Si eso no arregla la situación, considera la solución final.

El Plan De Compensación No Funciona O La Empresa Realiza Cambios Que Son Contraproducentes

Hacer cambios en el plan de compensación es una de las más peligrosas acciones que una empresa puede tomar; con frecuencia, son la causa del colapso. Incluso cuando la modificación está bien planificada y mejora la situación general, sigue estando llena de peligro. ¡Ten en cuenta que hay una cantidad finita de dinero que entra en el plan! Para el ejemplo, supongamos que el cincuenta por ciento del volumen de ventas contribuye al plan; entonces, cada cambio realizado afecta la forma en la que se distribuye ese dinero, generando ganadores y perdedores. Dicho de otra manera, aun cuando el cambio sea positivo, bien intencionado y produce el efecto correcto, lo que significa que, tanto la compañía como el campo son más fuertes, y se recompensa el comportamiento correcto, siempre habrá alguien que también se beneficie por actuar de manera inapropiada. ¡Noticia de última hora! Los distribuidores no estarán contentos con el cambio, pues la gente odia cuando te metes con su dinero.

Lo viví hace quince años en una compañía que procedió de esta manera. Fue un gran cambio, necesario, y funcionó sorprendentemente bien; sin embargo, un hombre en Atlanta que por lo general ganaba alrededor de trescientos dólares mensuales a tiempo parcial, pasó a perder once dólares en su cheque con el nuevo plan. Sintiéndose afectado, se embarcó en una cruzada para destruir a la compañía: creó un sitio web bajo el nombre "La Compañía ABC Apesta", escribió en foros públicos, presentó quejas ante organismos reguladores, llamó a estaciones de televisión, etc. ¡Se vio a sí mismo como un héroe galante que luchaba contra las fuerzas del mal! Por supuesto, destruyó los pocos ingresos residuales que había desarrollado, así que abandonó la causa y siguió adelante para salvar al mundo de alguna otra grave injusticia. Fue una completa y dolorosa distracción que duró, más o menos, cuatro meses.

De lo que debes protegerte es de una reacción instintiva a los cambios en el plan de compensación. La configuración predeterminada siempre es "¡Esto apesta! La compañía cambió el plan para que ellos, y sus distribuidores favoritos en la parte superior, obtengan más dinero para sí mismos". A veces eso es cierto, pero por lo general no lo es. Así como la compañía es la Gallina de los Huevos de Oro para el asociado, él lo es para la empresa. La mayoría de las empresas no son lo suficientemente tontas como para alejar, con intención, a su equipo de liderazgo de campo; lo cierto es que estos errores se producen porque la compañía calculó mal o recibió malos consejos.

Tienes que ser un niño grande, y un pensador crítico, con la madurez necesaria como para no luchar sólo por más dinero para ti y el equipo. Si la empresa no es financieramente viable, la Gallina de los Huevos de Oro muere. En ese sentido, la compañía necesita cubrir todos sus gastos y tener dinero para investigación, desarrollo, futura expansión y recompensas para los accionistas. ¡Apoya todos esos objetivos y no sólo aquellos que aumentan tu propio cheque de bonificación!

Al menos cinco veces en mi carrera, he participado como asesor en reuniones del más alto nivel cuyo tema era hacer cambios en el plan de compensación de la compañía. Como resultado, acepté cambios que redujeron mis comisiones en el corto plazo, tanto que cuando ganaba ciento cuarenta mil dólares al mes, fui un fuerte impulsor de un cambio que eliminó veinte mil dólares de esa cantidad. En otra ocasión, con la apertura de una nueva compañía en mi país, por primera vez le pedí al gerente general que me sacara de un grupo de bonos con el fin de que las acciones restantes valieran más para mis líderes emergentes. No lo decidí por ser filántropo, aunque lo soy, sino porque sentí que la empresa, y mi equipo, serían más saludables y conseguirían mayor crecimiento si reasignábamos más dinero a la mitad del plan, que es el punto donde la gente ingresaba a las filas del liderazgo, por lo que tendrían que hacer inversiones en boletos de avión y otras cosas para enfocarse en el crecimiento de sus propios equipos.

EVITA UN COLAPSO DEFCON 1

Si deseas evitar una crisis de DEFCON 1 en la que la empresa explote, debes estar dispuesto a sacrificarte para generar la cantidad más grande de dinero que puedas, pensando en el mayor bien de tu equipo.

Si eres un líder top, el diseño y los cambios en el plan de compensación son casos en los que debería actuar "Pie Grande". Promulga el concepto de que la compañía ejecuta planes de compensación paralelos durante al menos seis meses; es decir, realmente lo hace, el antiguo y el nuevo, en cada periodo de pago, donde al distribuidor se le paga la versión más alta, con un decrecimiento constante del porcentaje cada mes. Un paréntesis: ¡Empresa! No quiero perderme en la maleza con los puntos finos que esto implica, así que si estás en esta situación llámame y cuadramos una cita para el efecto. Dicho esto, y de vuelta al punto, con la doble ejecución todos los distribuidores verán lo que ganan en cada plan, con el fin de que mejoren su comportamiento para maximizar su pago con el nuevo, una vez que termine la transición.

Permíteme mostrarte la modificación que tendrá que suceder en muchas empresas existentes

Como mencioné en el Capítulo 9, muchos planes de compensación están sesgados al reclutamiento y no a obtener clientes, así que las empresas que los tienen de esa manera deberán ejecutar cambios para recompensar a los minoristas, si quieren sobrevivir. Por ejemplo, tal vez hoy alguien gane un automóvil por motivo de bonificación si produce un volumen grupal de diez mil puntos por mes. Es posible que deba cambiar el plan para que el auto gratuito se otorgue sólo si produce esos mismos puntos, en el mismo período, pero con diez clientes minoristas inscritos en el *autoenvío* mensual. Si la empresa implementa el cambio de la noche a la mañana, enojará a varios que no califican para el rango; sin embargo, si la aplicación de la nueva política se efectúa progresivamente durante algunos meses, las personas reconocerán los ajustes que deben hacer a su procedimiento para obtener el mejor cheque de bonificación posible.

La Parte Más Importante

Antes de cambiar un plan de compensación, la empresa debe ejecutar muchas pruebas para ver cómo esto afectará el pago a la gente, pero teniendo claro que no son simulaciones. No se puede ejecutar una simulación óptima porque no hay manera de predecir el comportamiento humano; por lo tanto, al igual que en un experimento científico, cada cambio al plan es una hipótesis que debe ser probada y comprobada, donde la única forma de hacerlo es poner al plan en acción y ver qué sucede con el comportamiento humano real y los hábitos de compra.

A medida que tú y la compañía recorran esta pista durante seis u ocho meses, verán cómo cambian los pagos y si están produciendo, o no, los efectos deseados. Podrías descubrir que el nuevo plan pone al límite a la compañía e implica mucho riesgo; o, que los afiliados lo pueden manipular y explotar sus fallas, lo que se traduce en comportamiento no deseado. Es más, podría reflejar que los cambios planificados provocan demasiadas pérdidas para la empresa lo que se traduce en que los cheques de bonificación caigan en picada. Si has insistido en que un comité de líderes de campo participe en el proceso, el grupo puede asociarse con la compañía para realizar las modificaciones necesarias antes de que el daño se vuelva fatal, lo cual evitará mucho dolor y angustia.

Como en la mayoría de las posibles situaciones de DEFCON 1, *la mejor respuesta es transmitírselo al asociado con anticipación* así que pon en su conocimiento los próximos cambios en el liderazgo de campo, anúncialos, ayuda al equipo a prepararse para enfrentarlos y explícales por qué las modificaciones son buenas, inclusive si hay consecuencias negativas a corto plazo. ¡No permitas que el equipo se entere por un correo electrónico de la empresa o por una queja presentada por algún *crossline*! Sé proactivo y asóciate con la empresa. Si no cooperan, detallaré cómo manejar eso en el próximo capítulo.

Los Ejecutivos Están Totalmente Fuera De Contacto Con Lo Que Sucede En El Campo, Pero Están Convencidos De Que Son Genios Omniscientes Y Omnipotentes

Quienes no entienden lo que sucede en el campo son peligrosos para todos, incluidos ellos mismos. ¡Toman malas decisiones que ocasionan consecuencias desastrosas!

Un claro ejemplo de esto se da cuando establecen criterios para concursos y promociones. Hace casi veinte años trabajaba con una empresa donde al Vicepresidente de Marketing le encantaba viajar en cruceros. Como es obvio, siempre creó concursos cuyos premios eran cruceros de siete a diez días para personas de alto rendimiento. El hombre trabajaba acorde al presupuesto asignado, así que siempre buscó las mejores ofertas; lo curioso es que, por alguna razón, éstas eran de cruceros que se encontraban en el mar durante el tiempo que terminaba un mes y empezaba otro. Para él no significaba nada más que una ganga.

Para mí, era un desastre absoluto. ¡Piénsalo! En esa época viajar en esos lujosos barcos significaba aislarse del mundo. Nadie tenía iPhone o servicio celular. Algunos barcos tenían Internet, pero para usarlo había que ir a una habitación especial en las entrañas de la nave y pagar alrededor de diez dólares por minuto sólo para revisar el correo electrónico. ¡Y la compañía tenía un plan de pago mensual!

¿Qué crees que pasó con las ventas y los nuevos avances de rango al tener a mi mejor gente en el mar, incomunicada, figurativa y literalmente, a fin de mes?

En este caso, él no era una persona arrogante, sino un gran tipo con el que se podía trabajar; sin embargo, al estar en la sede corporativa en lugar del campo, desconocía de las acciones importantes que los líderes implementaban en cada período de pago para cerrarlo con fuerza.

Las empresas cometen errores, al igual que todos los líderes de campo. El gran problema surge cuando la compañía no reconoce sus equivocaciones, o es tan arrogante que cree conocer las actividades de campo mejor que los afiliados. Además, pueden creer que los productos son súper mágicos que se venden por sí mismos o simplemente no entienden el proceso que atrae a clientes y distribuidores.

¿Recuerdas a Frank y el desastre de España? Sí, ese mismo, el que mintió sobre la fecha de apertura cada semana durante más de un año y dirigió una clínica sobre cómo romper las promesas y no cumplir con los plazos. Unos meses después de eso, la compañía le pidió que hablara en la conferencia de liderazgo para los que más ganaban. ¿Puedes adivinar qué tema eligió?

Mantener la palabra.

¡Una mierda! Te juro por todo lo que es sagrado que ese es el tema que seleccionó para compartir. Durante cuarenta y cinco minutos se paró al frente de la sala, usando una presentación de PowerPoint con diapositivas que decían: "Tu palabra es tu vínculo", "Habla con integridad" y "Sé responsable". Los líderes asistentes estábamos atónitos, tanto que los mensajes de WhatsApp cargados de incredulidad, volaban de un lado a otro de la sala. Por supuesto, él continuó totalmente ajeno a la ironía de la situación.

Otra compañía con la que trabajé, cuando planificaba su primera convención anual, organizó la agenda completa sin ningún aporte desde el campo. Pasaron por el podio Presidente, Director Ejecutivo, Director Financiero, Gerente de Servicio al Cliente, Gerente de Servicios de Distribución, Vicepresidente de Marketing, Vicepresidente de Ventas, Vicepresidente de Producción y Vicepresidente de algún departamento del que nadie ha oído hablar. Todos ellos eran hombres blancos.

Lo que aprendimos de esta experiencia es que cada ejecutivo de la empresa deseaba, en secreto, ser un principal e inspirador orador.

¡Ninguno habló sobre cómo su área de especialización podría beneficiar a los distribuidores! Tampoco brindaron capacitación sobre cómo trabajar el negocio de manera efectiva. Lo único que hicieron fue presentar material robado a oradores motivacionales que habían escuchado durante años, porque obviamente ninguno de ellos lo era.

Durante dos días seguidos escuchamos discursos rancios y antediluvianos acerca de ponerse primero la máscara de oxígeno en el avión, por qué las águilas mamá empujan fueran del nido a las águilas bebé, la historia de cuatro minutos de Roger Bannister y aquella de la estrella de mar abandonada por Dios, la cual "marcó la diferencia". ¡Me quería matar!

Si eres un ejecutivo de la empresa quien lee esto, permíteme proporcionarte una pista...

La única vez que tu Director de Finanzas debería dar un discurso es cuando asiste a una convención de contadores. No hay otro foro en la Tierra donde la gente quiera escuchar un discurso de un CFO, aparte del departamento de bomberos de la localidad cuando necesita evacuar una habitación rápidamente. En el transcurso de esos dos días, mil nuevos distribuidores pasaron de estar ansiosos e inspirados a abatidos y comatosos. Lo peor es que ninguno de ellos aprendió técnica alguna de creación de negocio, no escucharon historias de éxito provenientes del campo para construir creencias; y, a menos que alguno hubiera sido un hombre blanco de mediana edad, tampoco vieron a alguien que se pareciera a ellos o a su equipo.

En honor a la verdad, la compañía tenía buenas intenciones e invirtió una gran cantidad de tiempo y dinero en el evento; sin embargo, al igual que muchos de los zombis y dinosaurios en el campo, la organización no entendió que las convenciones deben contener elementos que vayan más allá del sentirse bien.

Cada evento implica sacar del campo, durante varios días, a los mejores y más activos, sin olvidar que eso es un gran problema para ellos dado que tienen que organizar el tiempo que estarán fuera del trabajo, hacer arreglos para dejar a sus hijos y mascotas, e invertir dinero en pasajes aéreos, alojamiento y comida.

Cuando Programes un Evento, Será Mejor que Tengas un Objetivo

Después de esta convención, mi patrocinador, otros líderes importantes y yo nos reunimos con el Presidente y explicamos todo esto, dejándole en claro que, si la empresa no nos consultaba para la organización de futuras agendas, programaríamos nuestras propias convenciones e instruiríamos a la gente para que no asista a los eventos corporativos. Menos mal estuvo de acuerdo y creamos una asociación productiva. ¡Tú tienes que hacer lo mismo!

La Empresa Se Convierte En El Objetivo De Una Acción Reguladora O Publicidad Negativa

Si la empresa está en el primer caso, inevitablemente también estará en el segundo. A veces no son los reguladores los que causan dolor, sino la atención negativa de un medio de comunicación. En casos como este, y en, prácticamente, cualquier crisis o escenario DEFCON 1, un consejo que siempre te servirá es este:

La calma es contagiosa

Si entras en pánico, te garantizo que tu equipo será presa de la histeria, así que espera los peores resultados; en su defecto, si mantienes la tranquilidad, el equipo responderá de mejor manera. ¡No te dejes llevar por el susto y el terror! Las aerolíneas tienen aviones que se estrellan y matan a cientos de pasajeros, pero sobreviven. Las empresas públicas tienen líderes envueltos en escándalos sexuales, pero se recuperan. Las cadenas de restaurantes hacen que los clientes mueran de intoxicación alimentaria, pero siguen su rumbo.

El hecho de que la empresa sea objeto de publicidad negativa no significa que sea una realidad, y que los reguladores ataquen tampoco es sinónimo de que tengan razón. Así como en ocasiones la empresa comete errores, tú también puedes ser víctima de una tergiversación; sin embargo, en cualquiera de los casos no tiene que ser fatal.

El público es notablemente indulgente si siente que cometiste un error de buena fe, lo sientes de verdad y te comprometes a que no volverá a suceder, lo que incluye a los miembros de tu equipo. En situaciones de crisis, estas son las mejores formas de responder:

- *Mantén la calma. Expón los hechos. Sé honesto.* Por ejemplo: "Hemos recibido noticias de que el Fiscal General de Texas está presentando una orden de restricción contra la compañía alegando prácticas de reclutamiento engañosas. Nos comprometemos a asegurarnos de que todos nuestros asociados se comporten moral, ética y legalmente. Estamos investigando la fuente de sus quejas y cooperando completamente con el gobierno. Nuestro equipo ejecutivo y el departamento legal están trabajando con los investigadores para encontrar una resolución que funcione para todos los involucrados. Llegaremos al fondo de esto y los mantendremos actualizado en el camino"

- *Controla la narrativa.* Sé el primero en plantear los problemas a tus clientes y miembros del equipo. Asegúrate de que se enteren por ti y no a través de una *alerta de noticias de última hora* en sus teléfonos, así que elabora tu versión de la historia antes de que la otra parte establezca la narrativa. Si vacunas al campo al plantearles primero el problema, es más probable que se mantengan en calma y apoyen a la empresa a medida que las cosas se resuelven.

- *Comparte actualizaciones periódicas.* Si tú y la compañía se mantienen en silencio, los rumores y los chismes correrán desenfrenados. Mantenlos al tanto de la situación conforme va sucediendo.

- *Si te equivocas, confiésalo.* Por ejemplo: "Se nos informó que un lote del batido de proteína con sabor a fresa podría haberse contaminado y haber creado efectos secundarios adversos para algunas personas que lo consumieron. Con vigencia inmediata, estamos retirando todos los batidos con el número de lote 123456. Destruye cualquier inventario que tengas. Ya hemos notificado a todos los que compraron este producto. Nuestra principal preocupación son las personas afectadas, y estamos haciendo todo lo posible para apoyar su tratamiento, descubrir cómo sucedió esto y establecer medidas de seguridad para garantizar que nunca vuelva a ocurrir. Si tienes alguna pregunta o inquietud, hemos establecido una línea directa al 1-800-XXX-XXXX para atenderte"

Las empresas sobreviven a algunas de las situaciones de crisis más peligrosas sólo si el equipo corporativo, en conjunto con el liderazgo de campo, trabajan de la mano para mantener la calma, con las líneas de comunicación abiertas, demostrando su firme compromiso de hacer las cosas bien.

Los Ejecutivos De La Compañía Están Abusando De Sus Posiciones De Liderazgo

Si alguien del equipo corporativo o del liderazgo de campo:

- Intimida a alguien.
- Muestra favoritismo a ciertas líneas y no apoya al resto.
- Fomenta comportamientos poco éticos como cambios de línea.
- Tiene una aventura amorosa con alguien del equipo.
- Hace tratos para participar financieramente en la distribución

Debe ser reportado de inmediato. En el caso de actividades peligrosas e ilegales como agresión sexual, violación, abuso sexual a un niño o comportamiento amenazante, primero notifica a la policía y haz seguimiento para alertar a la compañía sobre la situación.

Tu principal responsabilidad es proteger a tu equipo. Deben saber que están a salvo del abuso de liderazgo en cualquier magnitud; por lo tanto, si informas dicha actividad a la empresa y no se aborda, o si proviene de los niveles más altos de liderazgo y no hay nadie por encima de ellos para tomar cartas en el asunto, deberás considerar las soluciones finales descritas en el próximo capítulo.

La Compañía Está Haciendo Malos Tratos Con Zombis Y Dinosaurios

Construir una exitosa y gran empresa, con fuerte liderazgo en el campo, es extremadamente difícil y lleva mucho tiempo; no obstante, eso nunca impedirá que los ansiosos ejecutivos intenten acortar el proceso haciendo tratos financieros para comprar a quienes creen que son líderes, que no son otros que algunos de los dinosaurios y zombis sobre los que discutimos antes. A veces, estos ejecutivos son dinosaurios por sí mismos, así que no entienden que esta práctica no funcionará en el actual entorno del mercado; sin embargo, con mayor frecuencia, los ejecutivos son nuevos en la industria y no tienen la experiencia para reconocer los peligros de lo que están haciendo. En cualquier caso, protege a tu equipo del daño colateral.

Una Situación en la que los Tratos Financieros Realmente Tienen Sentido

Supongamos que Jimmy es un distribuidor honesto y trabajador en otra compañía. No sólo ha tomado decisiones correctas, sino que también ha formado un agradable equipo pequeño. De pronto, algo cambia que amenaza su futuro o hace que no pueda seguir en la compañía; tal vez su patrocinador resultó ser un terrorista y está pirateando a su gente, o un mal cambio en el plan de compensación termina destruyendo el negocio; cabe la posibilidad de que se vendió la compañía a un nuevo propietario que es un sociópata. En cualquier caso, Jimmy necesita un nuevo hogar y rápido.

Si Jimmy se te acerca y determinas que realmente es un actor sólido que se ha visto comprometido por circunstancias fuera de su control, tendría sentido para tu empresa ofrecerle un trato financiero, el cual le permitiría permanecer solvente mientras comienza de nuevo con el negocio. Es un escenario ganar/ganar porque él no tendrá miedo de hacer un movimiento sin red de seguridad y tu empresa sumaría un líder probado.

En situaciones como esta, el mejor arreglo es el que se conoce como "acuerdo de pista o puente"; entonces, Jimmy sigue el mismo plan de compensación que todos los demás en la compañía, pero tiene garantizado un suplemento adicional para cerrar la transición de una compañía a otra y tiene un tiempo de vigencia que va entre los seis y nueve meses. Se los diseña como un mecanismo de recarga; es decir, mientras alcanza la pista, la compañía aumentará los ingresos de Jimmy teniendo como base lo que su rango real y cheque de bonificación reflejan, hasta un límite acordado entre las partes, el mismo que suele ser el monto del cheque que el distribuidor deja atrás.

Te lo explico. Supongamos que Jimmy ganaba quince mil dólares al mes en su antigua empresa; en consecuencia, la nueva compañía completará la diferencia entre lo que Jimmy esté ganando y ese monto. Entonces, si gana cinco mil dólares, la empresa le entrega diez mil adicionales; luego, si su cheque llega a ocho mil dólares, la empresa le da una recarga de siete mil y así sucesivamente. Esta clase de arreglos de reposición pueden atraer a la empresa a excelentes y talentosas personas cuando la situación lo amerite.

No obstante, en la generalidad, estos tratos son asesinos de la compañía porque quienes los reciben son dinosaurios y zombis que explotan a un equipo corporativo ingenuo y desinformado.

Como ya sabes, los zombis no tienen lealtad a nada más que a su propio cheque de bonificación y a los dinosaurios les ha pasado el tiempo, por lo que buscan ansiosamente maneras de cómo volverse relevantes y aumentar su bajo nivel de ingresos. Estos dos especímenes son insistentes en la manipulación con el fin de infiltrarse en situaciones que les representen algún tipo de trato financiero, lejos de las ofertas superiores o puente; es más, negocian tratos donde su compensación no está vinculada al plan y tampoco están obligados a cumplir con los mismos criterios de calificación que el resto de la fuerza de distribuidores. La realidad es que solicitan y reciben ofertas como una "pierna cocinada", un puesto calificado automáticamente o un pago mensual de tarifa fija. ¡Es abismal el historial de empresas que han firmado estos acuerdos!

Piensa en lo que sucedió cuando MonaVie tomó esta ruta hace unos años. La compañía tenía una gran base de personas que amaban la marca, los productos, y habían atraído a algunos laboriosos líderes que estaban formando equipos. Todo iba bien hasta que un tonto ejecutivo pensó que podría hackear el crecimiento, para entrar en fase de impulso, si reclutaba suficientes líderes de otras compañías. El jet corporativo cumplió con varios vuelos secretos alrededor del país, recogiendo a líderes de otras compañías para llevarlos al cuartel general de la empresa; allí les dio de beber y comer, y ofreció lujosos incentivos para que se unan a la compañía. MonaVie alcanzó ese mítico patrón de crecimiento del palo de hockey...y ahora es sólo otra historia de terror. Una empresa que se estrelló y quemó.

Hay un par de desastres más recientes, cuyos nombres no revelaré para proteger a las buenas personas que todavía están con esas compañías. Una de ellas hizo un gran trabajo de construcción en los Estados Unidos, con importantes historias de los productos, evangélicos y comprometidos distribuidores, además de ser de los primeros en incorporar al negocio la tecnología a través de aplicaciones móviles. Estos atributos se tradujeron en fuertes ventas en el país, lo que los llevó a mudarse hacia Europa. En contraste con lo anterior, por algún motivo el corporativo decidió que optar por la compra de líderes sería una buena estrategia. ¡No lo fue! El crecimiento se estancó, su reputación recibió un gran golpe y los leales distribuidores que construyeron de manera correcta se sintieron traicionados.

Otra historia de terror corresponde a una empresa de larga data, con una reputación estelar, y que funcionaba bastante bien, con un predominante modelo de comercio electrónico. El propietario sucumbió ante la seducción de contratar a un director zombi, quien creó una división separada de la compañía por medio de la cual implementó un agresivo programa de compra de líderes. Este directivo promocionó el plan a lo grande, públicamente, sugiriendo que era el modelo del futuro; es más, trató de volcar el esquema de negocio a través de una campaña bajo la firma de "agente libre" como sucede en los equipos deportivos profesionales. El resultado: este grupo alterno y mal aconsejado casi destruyó a la fuerte compañía original

Hoy en día hay una compañía que opera hoy con grandes ventas. No puedo decirte lo enorme que es sin revelar su identidad; sin embargo, era la empresa atractiva, sexy y bulliciosa en los Estados Unidos hace un par de años y puso en marcha el plan de hacer tratos y comprar líderes para ganar impulso y crear momentum. Ahora, la única manera en que sus ventas crecen es abriendo nuevos países porque tras dos años en cualquier mercado, su reputación está hecho pedazos.

Los amorosos tratos con zombis y dinosaurios brillan con intensidad por un tiempo corto hasta que pasan a otra compañía donde les ofrecen una propuesta mejor; por lo tanto, si tu empresa los sigue trayendo, te presento algunas formas con las que puedes responder:

Explica a la junta directiva cómo este proceder perjudica a otras líneas y hazles saber que tu grupo podría empezar la búsqueda de otro hogar.

- Limita la exposición de tu equipo ante las líneas compradas por ellos.
- Infórmales a los ejecutivos que no promoverás ni reconocerás los avances de rango relacionados.
- Exige que los pagos especiales provengan de otros fondos de la compañía para que no pongan al límite al plan de compensación.
- Insiste en políticas de libro abierto para que no se puedan hacer tratos en la oscuridad.

Las Compañías Que Persiguen A Estos Zombis Y Dinosaurios Creen Que Están En Una Carrera Por Captar Al Mejor Talento

Sin que lo sepan, están en una carrera hacia el fondo, reciclando a los zombis y dinosaurios de peor rendimiento de un lado a otro.

La compañía número uno de zombis ofrece puestos de pierna cocinada; entonces, la segunda aumenta la apuesta a una pierna cocinada y un acuerdo de recarga y la siguiente propone los dos elementos anteriores más una posición autocalificada. Para rematar, algún ingenuo propietario volverá con todo lo descrito al que le suma un lucrativo bono de firma.

Lo peor de todo es que se enfocan en reclutar zombis y dinosaurios quitándole el enfoque a quienes construyen un equipo fuerte como los conductores de Uber, maestros de escuela, amas de casa, etc.; es decir, personas que tienen un sueño y están dispuestos a trabajar por él.

Si tu empresa persigue agresivamente el proceso de hacer tratos con estos especímenes, están en peligro de destrucción. Si no puedes convencerlos de que detengan estas prácticas, una cultura tóxica hará que el negocio sea inviable para todos los distribuidores y dará como resultado la necesidad de implementar la solución final de la que hablaré en el siguiente capítulo.

La Compañía Anuncia que Va a la Quiebra

Esta es la peor pesadilla de cada distribuidor. Me gustaría decirte que hay una mejor manera de manejar esto, pero no existe, pues todo se va a desordenar muy rápido. Me sucedió por primera vez hace veinte años, y todavía hay personas que no me hablan, porque me hacen responsable de la quiebra de la empresa.

Pero la realidad es que, a veces, las empresas cierran. Tan pronto se corra la voz sobre esto, tu equipo entero será asediado por distribuidores de otras compañías que buscarán inscribirlos. ¡Sufrirás una erosión constante y permanente! Una vez más, las claves son mantener la calma, controlar la narrativa y mantenerte en contacto; súmale a esto la creación de un emergente equipo de ataque que involucre de tres a siete líderes principales para que trabajen juntos en encontrar otra compañía a la que puedan migrar en masa; de lo contrario, tendrás caos, con todos trabajando por su cuenta, buscando algo nuevo para ser los primeros y lograr que su anterior línea ascendente se convierta en descendente. La organización se fracturará para disiparse en docenas de compañías.

Si es posible, deja que tu equipo escuche primero, de ti, las malas noticias; sin embargo, en caso de que la empresa solamente haga un anuncio general que también te sorprenda, no tienes más opciones. ¡Convive con los golpes! Programa una reunión de emergencia a la que toda la línea asista y explica la verdad completa tal como la conoces; por ejemplo: el propietario robó todo el dinero y huyó a las Islas Caimán, los tribunales emitieron una orden de restricción para cerrar la empresa, la compañía se quedó sin dinero y no pudo pagar las comisiones, etc. ¡Que todos sepan que has formado un comité ejecutivo de operación urgente para estudiar posibles compañías de reemplazo y que te comunicarás con todos en no más de cuarenta y ocho horas!

Cuando termine ese plazo, lo mejor será que tengas algo que sugerir; en su defecto, podrás decir que anunciarás algo nuevo en veinticuatro horas más. ¡No tienes semanas para resolverlo! Ni siquiera días. En realidad, cada hora que pase experimentarás el desgaste porque los nerviosos saltan a nuevos hogares. Una vez que tengas tu equipo de ataque, haz que llamen a cada uno de los principales líderes o ejecutivos que conocen en otras compañías para discutir las posibilidades. Organízalo, consigue ofertas para los líderes y acuerdos para las personas de rango. Cualquier cosa que la nueva compañía esté dispuesta a invertir para preservar a tu equipo puede devolverle enormes recompensas en el futuro. ¡Un equipo de campo es el activo más valioso en el negocio! Es ahí que todos los años de trabajo en los que construiste cultura y trabajaste fuerte apoyándolos, darán sus frutos.

Este es el momento para los días de veinte horas: saltar entre aviones, videoconferencias consecutivas y llamadas del equipo de ataque en la madrugada. Como dije, cada hora que pasa te está costando las personas, lo que afectará tus ingresos durante años en el futuro. ¡Toma medidas audaces y decisivas, pero especialmente sabias!

A continuación, veremos cuándo la alerta DEFCON 1 llega a su peor resultado posible pues los misiles se han lanzado y te obligan a tomar una decisión agónica, drástica e irreversible.

Capítulo 12

Cuando los Misiles Están en el Aire

Trabajé durante más de diez años en una empresa, me convertí en el principal generador de ingresos, construí en más de cincuenta países y desarrollé un grupo que atrajo a más de doscientos mil miembros. Me encantó la línea de productos, las personas con las que trabajé y la seguridad financiera como resultado de todo esto. Sí, fue la compañía que despidió al presidente después de una auditoría financiera, cuyos resultados hicieron sentir traicionados a los inversores, así que no pusieron un dólar más de su parte. Los nuevos copresidentes ejecutivos eran grandes personas e hicieron lo mejor que pudieron en una situación difícil, pero los problemas de flujo de efectivo los obligaron a vender la empresa.

Las cosas se pusieron complicadas muy rápido.

Los nuevos propietarios fueron un desastre absoluto, pues sacaron dinero de la compañía para usarlo en otra, cuya administración era controlada por familiares del presidente. Las facturas no se pagaban, los pedidos atrasados se convirtieron en la norma en lugar de la excepción, y los asociados estaban frustrados, desanimados y abatidos. Por mucho que quería ser parte de la solución, una cosa me impidió hacerlo: los nuevos propietarios no eran íntegros. Me mintieron la primera vez que los vi, y hubo un patrón de ofuscación y engaño a partir de entonces.

Una cosa se hizo evidente: no quería participar en llamadas tripartitas, presentaciones en hoteles o en línea, mucho menos recomendar que alguien se uniera a la empresa. ¡No hubiera podido verme al espejo si lo hacía! Renuncié y me alejé de una distribución que me generó más de un millón de dólares al año en ingresos residuales.

Me gustaría decirte que tenía mucho dinero en efectivo debajo del colchón y que la pérdida de ingresos ni siquiera me afectó, pero te mentiría, pues al igual que todos los seres humanos ajusté mi estilo de vida al monto mensual que producía. ¡Ese golpe financiero fue como una patada en la ingle! Pero jamás me he arrepentido ni un instante de esa decisión.

Te diré de lo que sí.

No tener un lugar seguro y apropiado a donde llevar a mi equipo. Sí, la pérdida de ingresos me dolió, pero en general, había sido bastante inteligente con mi dinero; sin embargo, muchos integrantes del equipo no estaban preparados de la mejor manera. De hecho, a varios nos sorprendió la pérdida de plata que estaban a punto de experimentar, la misma que sufrirían si me seguían a otro lugar o se quedaban en la compañía, más allá de que los nuevos dueños la llevaron a la bancarrota.

A las pocas semanas de mi renuncia, la empresa se quedó sin efectivo, y los cheques de bonificación no llegaron a las cuentas bancarias cuando se suponía que debían hacerlo. En el transcurso de cuarenta y ocho horas había tratado de encontrar, con desesperación, un hogar para la mayor cantidad posible de mi gente; en verdad, el tener un equipo en cincuenta países lo hizo imposible dado que no encontré una compañía aceptable que hiciera negocios en todos esos lugares. Hice mi mejor esfuerzo, pero siento que cometí el mayor error de mi carrera. Te lo cuento en breve.

Lo cierto es que a partir de nuestras mayores pérdidas se configuran las más grandes victorias.

Esa experiencia me proporcionó invaluables lecciones, oportunidades de crecimiento, conocimiento; y, en última instancia, sabiduría. ¡Este libro es un descendiente directo de esos tiempos oscuros! Es la plataforma a través de la cual comparto esas lecciones y sabiduría contigo, lo cual nos lleva al día del juicio final.

Cuando Skynet Se Percata, Los Misiles Están En El Aire Y El Día Del Juicio Está Sobre Ti

Las situaciones DEFCON 1 te obligan a emplear lo que yo llamo las "soluciones finales". La relación entre la empresa y el asociado es irreparable pues ésta, en su estadio actual, está siendo destruida o no puede justificar moralmente su existencia por más tiempo; y, en simultáneo el equipo te pide orientación, así que necesitas encontrar respuestas rápidamente. Tal como dijo Sara Connor, interpretada de manera brillante por Linda Hamilton en Terminator 2 – Judgment Day: "Cualquiera que no use un protector solar de dos millones de dólares tendrá un mal día. ¿Comprendes?"

Hay tres posibles soluciones finales y son las siguientes.

Solución Final Número Uno: Retirarse O Tomar un Año Sabático

Mantienes la posición, calificas en cada período de pago, cobras los cheques, pero te alejas del negocio. Esta fue mi situación tras cometer el error que describí en líneas anteriores.

La nueva compañía a la que me uní tenía una notable línea de productos, personas maravillosas y el ferviente deseo de convertir al planeta en un lugar mejor; el tema es que le resultaba difícil cumplir con los requisitos para hacer negocios en el primer mundo, no podía manejar la logística y tenía años de retraso en tecnología de la información y comercio electrónico. Todo esto me llevó a tener meses de noches inquietas, insomnio y a una profunda búsqueda desde el alma. Fue un año desesperante, con una desgarradora depresión que me llevó al punto de no promover más a la compañía.

Esta decisión afectó no sólo a mi salud, sino también a mis relaciones y casi todas las áreas de mi vida, demostrándome una vez más la tremenda influencia que todos tenemos sobre los demás y las sagradas responsabilidades que surgen de esas conexiones. Sí, mantuve la distribución, pero dejé de reclutar, con la esperanza de que la compañía se pusiera al día con la realidad y se convirtiera en una oportunidad para volver a respaldar con entusiasmo.

Esta estrategia no es un paso fácil de dar; sin embargo, si has pasado años construyendo una organización y no tienes otra compañía para seguir haciéndolo, puede ser tu mejor opción. En este punto es fundamental que tengas cuidado, pues algunas empresas son impulsadas por el ego y/o una conciencia de pobreza, y como saben que no reclutarás a nuevos distribuidores, inventarán cualquier excusa para finalizar tu distribución. ¡No es ético, pero sucede todo el tiempo! Si ocurre, eso te lleva directo a la tercera opción.

Solución Final Número Dos: Desconectarse de la Compañía y, en Esencia, Tratar con Ellos Como un Proveedor de Productos

Si te ves obligado a actuar de esta manera, entonces lo mejor es que organices tus propios eventos, concursos y promociones importantes, e ignora por completo los de la compañía. Significa que debes configurar toda la infraestructura, incluyendo a los materiales de marketing en algunas ocasiones; en consecuencia, deja claro con tu gente que la empresa es un almacén de proveeduría y una agencia de contabilidad, pero que el equipo conduce el autobús.

En los primeros días de Amway, los pioneros en aplicar la estrategia fueron las organizaciones Yeager y Britt quienes tajantemente establecieron su postura ante la empresa: "Usted sabe mejor que nosotros cómo proveer productos y pagar comisiones; en cambio, nosotros conocemos sobre reclutamiento, capacitación y administración de operaciones de campo. Por lo tanto, sigan en su carril y nosotros vamos por el nuestro".

No esperes que tu empresa se enamore de este acuerdo.

La mayoría de las empresas no lo hacen; es más, algunos ejecutivos se resienten al no ser invitados a los eventos que organizas porque están acostumbrados a ser el centro de atención y son considerados genios comerciales; de tal manera, mantenerlos alejados del campo es un insulto para ellos. Y no sólo eso, pues la compañía tiene que pagar precios más altos por convenciones, viajes de premio y materiales de apoyo para los distribuidores restantes, al dejar de tener economía de escala para hacer cosas dirigidas a toda la fuerza de distribución.

Varios ejecutivos verán tu independencia como una amenaza debido a que la lealtad del equipo contigo es muy fuerte; no obstante, se sentirán temerosos ante la posibilidad de que tú, y los tuyos, se fuguen, lo cual llegado este punto es una posibilidad real. En consecuencia, les quedan dos opciones: apretar los dientes y aceptar la nueva realidad; o, encontrar una excusa para despedirte e intentar retener a tu equipo. Si eligen ese camino, no tienes más remedio que la última opción.

Solución Final Número Tres: Dejar la Empresa

Si alguna vez has tenido un hijo o cónyuge con un problema de adicción, sabes que a veces se sale tanto de control que ya no merece tu confianza. Puede mentirte, engañarte o robarte; y, a pesar de que lo amas muchísimo, estás claro de que debes protegerte de él. Del mismo modo, hay ocasiones en que, simplemente, una empresa pierde tu confianza.

No tienes más alternativa que esta tercera opción cuando la compañía se ha vuelto una bomba nuclear para ti y debes responder de la misma manera. ¡Tomas esta ruta cuando no tienes mejores caminos a seguir! Por ejemplo, al descubrir que el dueño de la empresa es un estafador, la compañía actúa de manera poco ética o su grupo directivo es incompetente para manejar incluso las funciones más básicas como el envío de los productos y el pago de las comisiones. Estás en el punto en el que no quieres inscribir o recomendar la compañía a alguien que amas, porque si no te sientes cómodo inscribiendo a tu madre o a tu mejor amigo en la empresa, no deberías hacerlo con alguien más.

Cuando des este paso, espera una inmediata reacción de guerra, pues la compañía dirá y hará cualquier cosa para desacreditarte, como difundir rumores de que eras un infiltrado comunista, robaste cheques de jubilación a viudas o eres un pedófilo, por ponerte ejemplos.

Habrá quienes permanecerán en la empresa, tanto de tu grupo y de otras líneas, pues, aunque compartan tus mismas inquietudes pasan dos cosas: tienen miedo de hacer un movimiento; o, prefieren creer que, al esperar, sucederá algo que redirija el rumbo de la compañía. ¡Los colegas con los que tuviste grandes relaciones te verán como una amenaza! En el mismo sentido, los amigos con quienes compartiste mucho tiempo, tarjetas de cumpleaños o festividades y asistieron a la graduación de tu hijo, de repente te eliminarán de Facebook y no volverán a hablarte; además, si te ven en una reunión de padres de familia o en el juego de fútbol de tu hijo, te tratarán como a un completo desconocido, y ni qué decir si el encuentro ocurre en una ferretería, dado que se alejarán de ti como si llevaras isótopos radioactivos. Desde su punto de vista, si sigues siendo creíble, surge la pregunta sobre si los motivos por los cuales abandonaste la empresa también son admisibles.

Si Tomas Esta Opción, Te Muestro Cómo Hacerlo

Antes de entrar en detalles, permíteme aclarar que no soy abogado por lo que no puedo brindarte asesoramiento jurídico. Te explicaré los problemas legales alrededor de las entrañas de las compañías, hasta donde los entiendo, pero ni este libro ni yo estamos aptos para aconsejarte en esa materia; por lo tanto, contrata un asesor competente para tal efecto.

Primero, debes identificar entre la gente a ese grupo base conformado por quienes son *absolutamente, sin lugar a dudas, indiscutiblemente, y cien por ciento* leales a ti. Como es obvio, deben ser tus afiliados personales y directos para que lo hagas de manera ética; por lo tanto, si trabajaste de cerca con ellos y los apoyaste todo el tiempo, etc., sabrás que:

a) Están muy frustrados o alarmados con el comportamiento de la empresa.

b) Son leales a ti y es probable que te sigan a otra parte.

Convoca a este grupo pequeño a una reunión presencial, de preferencia, en la que explicarás los motivos de tu decisión de irte, a qué compañía te unirás y por qué. En óptimas condiciones, dispón de su nuevo patrocinador o un ejecutivo de la compañía, para que a la mitad de la junta comparta los beneficios de la empresa y responda a todas las preguntas que surgirán. Finalmente, logra el consenso para ejecutar el movimiento y establece la fecha lo antes posible.

¡Sé pragmático en la ejecución! Si te pagan mensualmente, lo haces justo después de cobrar los cheques. De igual manera, si dentro de tres semanas recibirán el pago anual de reparto de utilidades, programa la mudanza justo después de que tu gente lo reciba. Cuando la compañía sepa que planeas irte te bloqueará el back office y dejará de pagarte; en consecuencia, si trabajaste duro para construir tu ingreso residual, llévate todo lo que puedas.

Asegúrate de tener la información de contacto de todos tus afiliados personales y que las personas que se van contigo hagan lo mismo, para que no la pierdan cuando el *back office* sea bloqueado. De allí, establece la hora exacta en la que harás el anuncio. ¿Quieres ventaja? Hazlo en fin de semana, o día feriado, dado que la mayoría de los empleados corporativos no estarán en la oficina, lo cual ralentizará su contraataque. Después de que lo anuncies, no habrá vuelta atrás.

Una o dos horas antes de tu anuncio al público, contacta a todos tus afiliados personales con los que aún no hablaste para que escuchen las noticias directamente de ti, y controles la narrativa. ¡No digas NADA que no quieras que sea utilizado como prueba en un juicio! Asume que, al menos uno de ellos, desertará porque quiere quedarse en la compañía y te grabará en secreto; es más, apenas cuelguen la llamada, o cierren el chat, se comunicará con la empresa, si es que no ha sido alertada antes y uno de sus abogados ya sepa todo lo que dijiste. Tan pronto como la compañía conozca tu decisión, saltará al modo destructor, bloqueará el acceso a tu cuenta, contactará a todo tu equipo y enviará correos electrónicos a todos quienes forman parte de ella hablando sobre tu despido por ahogar gatitos y robar dulces a niños pequeños.

Quien actúa, y declara, primero ante el público será el dueño de la narrativa y la ventaja. ¡Asegúrate de ser tú!

NO te comuniques con distribuidores que no sean tus afiliados personales; si lo haces, puedes entrar en conflicto y someterte a riesgos legales. Para cuando tu partida sea de dominio público, es probable que los afiliados de la parte inferior de tu organización se comuniquen contigo, pues de todos modos recibirán noticias de otras líneas, así que tienes el derecho de conversar con ellos si se te acercan primero.

No te sugiero usar a la ligera esta solución final. Sí, a veces te quedas sin opciones y la mejor defensa es un ataque bien ejecutado. Recuerda que las empresas no tienen que jugar limpio y con frecuencia no lo hacen; de hecho, hay ejecutivos dirigiéndolas que están convencidos de que ningún distribuidor vale más de cuarenta mil dólares al mes, pase lo que pase, tanto que suponen de manera correcta que, si los despiden, el resto de su equipo se quedará porque sus integrantes están atados con las "cadenas de oro" de los ingresos residuales, bonos de automóviles y participación en las ganancias. ¡Esta clase de ejecutivos despide a los distribuidores cuando su cheque es demasiado grande! Lo hacen porque sienten que es una amenaza que necesita eliminarse, se niega a participar y tampoco valida sus acciones inmorales. Pueden despedirte como un movimiento preventivo.

¡Las empresas tienen la mejor mano en la mesa de póker! Me refiero al departamento legal y una firma de abogados que los respalda. ¡Tú no! Si estás ganando diez mil dólares o euros al mes y te despiden, convertirán ese monto en un fondo para mantenerte atado a la corte hasta que te declares en bancarrota o mueras. Dalo por hecho.

Mi ferviente deseo es que jamás tengas que usar las soluciones finales planteadas en este capítulo, especialmente la tercera. Te cuento que, entre cuatro y seis veces al año, alguien se comunica conmigo por haber sido despedido de su empresa de forma inesperada, en busca de apoyo y desahogo, porque inclusive si la compañía actuó desde la ilegalidad, tiene los recursos para sobrevivir y continuar su rumbo. ¡Odio incluir este capítulo en el manual! Pero alguien tiene que decirte la verdad respecto a la realidad que puedes enfrentar; sin embargo, hay un maravilloso y cegador punto brillante:

Tienes Eso Único Que Las Compañías No Poseen Y Es El Activo Más Valioso En Nuestro Negocio

¡El talento y las habilidades para construir un fuerte equipo de liderazgo de campo! Agrega las estrategias planteadas en mi libro *Éxito en la Venta Directa,* y podrás aplicarlas a cualquier empresa y lugar, tanto que podríamos lanzarte en paracaídas a un nuevo país, del que ni siquiera conoces temas generales, menos su idioma nativo, y tendrás las habilidades para construir un negocio desde cero. Con este manual de campo para la supervivencia, ya sabes cómo responder y superar las emergencias DEFCON 1 que surgirán en el camino; por lo tanto, pase lo que pase recuerda esto: ¡Jamás volverás a preocuparte sobre cómo mantener a tu familia porque tienes habilidades que funcionan en cualquier lugar!

Tenemos una discusión más por compartir. Se trata de sobrevivir al fin del mundo y reconstruir desde los escombros.

Epílogo
Reconstrucción Después del Día del Juicio Final

Cuando tú, la línea de patrocinio, la empresa o incluso alguna fuerza externa se equivoca, los miembros del equipo pierden la fe y renuncian, pero eso es sólo es una evaluación superficial. Lo que realmente ocurre es que, más allá de una equivocación o un escenario negativo, los distribuidores renuncian de verdad:

Porque Pierden La Fe En Sí Mismos

Por eso me mantengo en que lo más importante que hacemos como líderes es construir creencias, lo que supera a creer en nosotros mismos y en el equipo. Si bien es importante nutrir la creencia, el objetivo final es crear confianza en los que lideramos.

¡No se trata de motivar a los miembros del equipo! No puedes darles eso porque ya la poseen al tener energía, talentos, ideas, sueños y regalos que están ansiosos por compartir con el mundo. En nuestro rol de líderes, debemos asegurarnos de que tengan fe en sí mismos para compartir esos dones y talentos. Hazlo y te sorprenderás de cuánta motivación posee realmente tu gente.

Lo anterior se traduce en que protejas a tu equipo y te asegures de que sepan que tu grupo es un espacio seguro donde no importa edad, género, sexualidad, religión o nacionalidad. Déjales saber que tú eres el amortiguador frente a los desafíos DEFCON 1 que provienen de otras líneas, de la compañía, de otras empresas e incluso de entidades externas. Demuéstrales que, no sólo has hecho el trabajo necesario, sino que también dominas las habilidades cruciales del negocio y que los ayudarás a aprenderlas, para que también las manejen a la perfección.

En tal virtud y con mucha suerte, nunca necesitarás la información que te compartí en el último capítulo, y en tantos otros. Escribí este manual de campo para ayudarte a construir una cultura, y un equipo, que evite tantos escenarios DEFCON 1 como sea posible; sin embargo, en el caso de que las situaciones de crisis se transformen en un peligro para tu equipo, y algunas lo harán, esto es lo que quiero que sepas.

La Fuerza Proviene De La Resistencia

Un parque eólico es tan poderoso que puede alimentar una ciudad entera, pero sin el viento, los molinos pierden su fuerza. ¡El poder proviene de la resistencia! Entonces, de la misma manera en que construyes músculo, cimientas el carácter de la resistencia.

Deja de soñar con los perfectos patrocinador, equipo y compañía que te garantizan que jamás enfrentarás situaciones difíciles. ¡No existen! Elige una empresa de la forma en que escoges un compañero de vida; es decir, alguien de quien te enamoras, y sigues haciéndolo, no porque no tiene fallas, sino porque las tiene, o incluso por ellas.

Está claro que puedes evitar dificultades atendiendo sólo aquellas cosas en las que estás seguro de tener éxito, pero en realidad lo único que te garantiza ese proceder es una vida mediocre.

Tu Grandeza Está Del Otro Lado De Tu Miedo

Los mares tranquilos no desarrollan grandes capitanes; sí las aguas tormentosas. Sólo cuando enfrentas los mayores desafíos, soportas las adversidades más duras y superas los obstáculos finales, desarrollas el potencial que te llevará a tu mejor versión posible.

¡Tu equipo, tu familia y el mundo necesitan esa versión!

Habrá momentos en que la mitad de la línea de productos esté en espera, tus tres líderes principales salten a otra compañía, las ventas se caigan y los buitres sobrevuelen en las redes sociales. Esto pasará.

También aquellos en que la base minorista crezca con clientes encantados, los avances de rango lleguen a niveles récord, un desfile de personas suba al escenario a recibir trofeos y los distribuidores se multipliquen como conejos. Esto también pasará.

Esto es lo que no ocurrirá: en quién te conviertes, en ambos escenarios. Serán los tiempos difíciles, no los fáciles, los que realmente te transformarán en un verdadero líder empoderante.

A medida que atraviesas este viaje, entre niveles eufóricos y devastadores, de ida y vuelta entre ambos, descubrirás cosas sorprendentes. Entenderás que no se trata de que te prepares para alcanzar todos los ascensos de rango y para resolver todas las situaciones DEFCON 1: sí de preparar a tus líderes para que, cuando la crisis se presente, sepan manejar los desafíos. ¡Te conviertes en la versión más alta posible de ti mismo para ayudar a tu gente a conseguir lo mismo!

El Verdadero Liderazgo Ocurre Cuando Utilizas Tú Fuerza Para Hacer Que Otros Sean Más Poderosos

La primera parte del proceso es tu compromiso de aprender; es decir, convertirte en un estudiante de liderazgo. Aquí es donde cometes errores, perfeccionas tus habilidades, obtienes sabiduría y desarrollas el carácter de un líder positivo e influyente.

La segunda parte es el paso más importante.

Es donde pasas de indispensable a prescindible. Regala este don de empoderar a otros, a la próxima generación de líderes, quienes harán lo mismo con los que vienen después.

He modelado para ti este proceso de dos pasos a través de este manual de campo, porque la próxima generación de líderes, la que empoderará a la generación posterior, comienza...

Contigo.

-RG

Recursos Recomendados

Sitios web:
http://www.randygage.com/ https://leveragedsales.com/

Evento Mastermind:
https://www.mastermindevent.com/

Academia de liderazgo en línea de Randy:
http://www.gagevt.com/

Power Prosperity Podcast:
https://anchor.fm/powerprosperity

Randy Gage en español
http://www.acantarosediciones.com/
contacto@acantarosediciones.com

Contenido de Regalo

Información importante de *Éxito en la Venta Directa* para revisar.

Objetivos De Un Plan De Compensación Bien Diseñado:

- Aumentar las ventas de menudeo.
- Simplificar la oportunidad de ganar dinero al menudeo.
- Permitir que los nuevos distribuidores obtengan ingresos desde el inicio y rápidamente.
- Aumentar el crecimiento de la empresa manteniendo la rentabilidad.
- Recompensar el comportamiento correcto de construcción a largo plazo.
- Proporcionar algunos ingresos de transición para unir a las personas mientras adquieren experiencia y desarrollan su conjunto de habilidades.
- Ser competitivo respecto a otras oportunidades.
- Proporcionar pagos continuos para las líneas de patrocinadores en diferentes países.

- Cumplir con los nuevos requisitos reglamentarios centrados en el cliente.
- Simplificar los requisitos de calificación para impulsar a más líderes a mantenerse en el juego.
- Crear caminos hacia los premios de estilo de vida para los grandes minoristas que no participan del reclutamiento.
- Proporcionar una plataforma para que los profesionales a tiempo completo creen ingresos pasivos
- Alejar a la marca de términos potencialmente objetables como mercadeo en red, MLM, millonario, binario y multinivel.
- Su diseño debe ser lo suficientemente complejo para promover el comportamiento deseado, pero de fácil explicación para compartirlo en una presentación de quince minutos.
- Ser una propuesta de Ganar/Ganar/Ganar para clientes, miembros del equipo y accionistas.

7 Verdades De La Construcción Exitosa

Verdad 1

No importa lo que funcione porque muchas cosas lo hacen. Lo fundamental es que sea duplicable.

En algún momento de tu carrera, éstas palabras resonarán en cada fibra de tu ser. ¡Cuanto antes llegue ese momento, más feliz, más sano y más rico serás!

Cuando entiendas el poder de la duplicación, pasarás de ser un molinillo a una máquina trituradora de ventas. Una superestrella en el sentido correcto, es decir, duplicable.

Nuestra profesión está llena de molinillos. Ellos pueden prospectar los beneficios de los ingresos residuales y el apalancamiento, pero en realidad no llegan a vivirlo. Porque no entienden el verdadero significado de las palabras escritas arriba.

Si haces un comercial en el medio tiempo de la Copa del Mundo, inscribirás a miles de personas. Funcionaría.

¿Pero cuántas pueden duplicarte?

Mucha gente piensa que la duplicación se trata de ellos, sus técnicas y tácticas, y que eso será suficiente para abrirse camino en ella, pero eso no es cierto. La duplicación no puede empujarse, tiene que ser jalada.

No te elevas al nivel de tus objetivos. Caes al nivel de cuán duplicable es tu sistema.

Verdad 2

Si "conduces" líneas, no se duplicarán. Tienes que construirlas con gente y seguir un proceso.

Podemos crear exageración y porras, además de colocar gente por debajo de otras personas, de manera que éstas avancen pronto de rango y sin esfuerzo personal. El tema es que ese tipo de crecimiento, con impulso y exagerado, no puede duplicarse.

Tienes que estar dispuesto a realizar las acciones básicas de traer a la gente, entrenarlos para conseguir clientes, y reclutar a otros constructores enseñándoles procedimientos efectivos. Estos procesos de "espacio seguro" los protegen contra fallos innecesarios y caminos sin salida.

Debes estar dispuesto a dejar de lado las soluciones rápidas para construir a largo plazo; por lo tanto, en cada decisión importante que tomes, sigue la filosofía de la tribu india Iroquois: "No evalúes cómo la decisión afectará a tus hijos; sin embargo, pregúntate cómo afectará a la séptima generación de ellos"

Verdad 3

Cuanto más te adhieras a "la fórmula", más fuerte será tu duplicación.

¿Cuál es? Responde a un proceso de tres partes que de verdad crea la duplicación.

Empodera a un gran grupo de personas para que ejecuten unas cuantas acciones simples de forma continua.

Analicemos las tres partes. La primera es tener un grupo lo suficientemente grande, pues si sólo eres tú y un par más, no tienes la tracción necesaria para lograr la duplicación; por lo tanto, sigue reclutando hasta que consigas la suficiente masa crítica para comenzar el proceso.

La segunda se traduce en realizar algunas acciones simples. ¡Redúcelo todo a sus elementos más básicos! Conforme aumenta la complejidad, disminuye la duplicación y tú requieres que sean pocas y sencillas.

Entonces, su ejecución debe ser de forma ininterrumpida. No puedes tener una ráfaga de energía durante tres semanas para luego desaparecer de la acción durante un mes. Sé permanente y construye una cultura de consistencia en tu equipo. ¡Para crear un negocio exitoso, la gente debe dedicar, consistentemente, de diez a quince horas semanales para construirlo!

Verdad 4

Sólo puedes tomar las mejores decisiones si trabajas a partir de una muestra válida.

Los encuestadores hacen predicciones para grandes grupos, sustentados en la información que recopilan de consultar a grupos mucho más pequeños. La clave es tener una "muestra válida"; es decir, reunir suficientes respuestas para asegurarse de que el grupo de muestra refleja con precisión al más grande. En nuestro negocio sucede de la misma forma.

Si vives en Iowa, puedes pensar que la mejor hora para una reunión es a las cinco de la tarde, porque las personas que conoces son agricultores y se levantan a las cuatro de la mañana; sin embargo, si estás en Buenos Aires consideras que la mejor hora será las diez de la noche porque la mayoría de tus amigos cenan hasta las ocho o nueve. ¡No saques conclusiones sólo sobre tu situación o tu visión del mundo!

El hecho de que las dos primeras personas a las que te acercaste con tu línea de productos sean alérgicas a la soya no significa que los productos con soya no sean viables. De la misma forma, tus cuatro mejores amigos del instituto creen que tu producto es demasiado caro, pero si pertenecen al extremo inferior del grupo socioeconómico, eso no se traduce en el panorama general.

No supongas nada hasta que tengas al menos mil personas en tu equipo; incluso ahí ten cuidado. Usa la siguiente pregunta para establecer el principio rector...

¿Qué es lo más duplicable para la mayoría de la gente?

Verdad 5

Tu sistema debe basarse en la premisa de que todos los miembros del equipo practican tres acciones simultáneamente: estudiar, hacer y enseñar.

Este principio lo mencioné por primera vez en la edición original de *Cómo Construir Una Máquina De Dinero Multinivel* y es igual de importante hoy en día, tal vez más que en aquel tiempo. Aléjate de esto bajo tu propio riesgo.

Es natural que la gente primero quiera estudiar todo en los dos meses iniciales; luego piensan que se pondrán en acción, para después ser ricos y famosos y sólo así, regresar a entrenar a todos con los pasos que dieron. Por supuesto, esto funciona sólo en la fantasía; incluso, si sirviera hasta cierto punto, en cuanto al aprendizaje, el crecimiento toma demasiado tiempo. En consecuencia, a la gente le tomará incontables horas para ganar algo sustancioso, aumentando la tasa de abandono drásticamente.

Armas o desarmas a tu gente en las primeras dos semanas, donde las primeras cuarenta y ocho horas son críticas. Por lo tanto, asegúrate de que tanto la orientación como el sistema, permitan que los nuevos miembros cumplan con el estándar del resto del equipo: estudiar, hacer y enseñar, simultáneamente y desde el principio.

Verdad 6

Hacer que todas las interacciones de reclutamiento dependan de una herramienta de terceros.

Aquí está una de las cosas más importantes que le enseñarás a tu equipo.

Si estás frente a un candidato y sus labios se mueven, tienes que apuntar a una tercera herramienta.

Llevemos esto al ejemplo más básico y simple posible: El candidato a cliente dice: "Soy alérgico a la soya. ¿Tu batido de proteínas la tiene como ingrediente?" ¡Tienes la respuesta, pero no la pronuncias! En su lugar acudes a la herramienta, en este caso tu catálogo, apuntas a la lista de componentes y mencionas: "Como puedes ver, no hay soya en el batido".

Si él está pensando en hacer el negocio, acabas de modelar el comportamiento perfecto y duplicable.

Porque, subconscientemente, acaba de aprender que, para desarrollar el negocio, no requiere convertirse en un experto en los productos y sus ingredientes, sino saber dónde encontrar las respuestas precisas.

Verdad 7

Abre a la gente; no la "cierres".

Una de las peores cosas que puedes hacer en nuestro negocio es tratar de dominar las técnicas de cierre y manipulación de la Programación Neuro-Lingüística PNL. Soy un convencido de que las ventas apalancadas se rigen por una ley universal definitiva:

Cuanto más difícil sea cerrar a alguien, menos se duplicará.

A los que manipulas, o les tuerces el brazo, para que se unan, son los primeros en abandonar, más allá de haber comprado el kit de inicio. Así que deja de cerrar a la gente y empieza a abrirla.

Me refiero a que presentes el negocio de la manera más honesta, pero convincente, posible. Educa a tu candidato en todos los beneficios que recibirá, tanto de tu línea de productos como de la oportunidad de negocio, y luego déjalo hacer lo que sienta que es la mejor decisión para él.

Si eso significa ser un cliente, genial.

Si eso significa unirse al negocio, genial.

Si eso significa no unirse en ninguna forma, genial.

Agradécele por su tiempo y consideración y sigue adelante. Si en el futuro algo cambia en su vida, puedes volver a revisar la oferta con él; por lo tanto, si lo trataste con clase y respeto la primera vez, estará de acuerdo en que vuelvas en una próxima ocasión.

RECONOCIMIENTOS

Probablemente hayas escuchado que se necesita un pueblo para criar a un niño. Certifico que se necesita de las mentes maestras de personas perspicaces, sabias y generosas para crear un libro extraordinario, y quienes cumplieron ese rol con este manual de campo son las siguientes:

Dana Collins, Wes Linden, Art Jonak, Andi Duli, Hilde Rismyhr-Saele y Orjan Saele trajeron la perspectiva del mundo real desde el campo, con incisivas contribuciones para que el libro sea de mayor utilidad para ti. Ustedes son el AllStar A-Team de la profesión y los amo.

Vicki McCown, la editora que tiene la capacidad incomparable de transformar el borrador de un desertor de la escuela secundaria en un manuscrito práctico, legible y, me atrevo a decir, magnífico. No hay muchas personas vivas en este planeta que puedan hacer lo que tú haces. Así que por favor quédate un rato.

Y finalmente, el crack equipo de comando en Wiley: Matt Holt, Zachary Schisgal, Vicki Adang, Shannon Vargo y Peter Knox. Este es mi libro número trece, así que he experimentado mucho en la industria editorial. Les tengo un respeto enorme y el aprecio es ilimitado.

Y finalmente, a mi madre. Una madre soltera que formó sola a sus tres hijos y me enseñó lo que significa ser importante para alguien. A mi edad todavía me envía galletas caseras de mantequilla de maní con chispas de chocolate. Por eso mi mamá es mejor la tuya.

SOBRE EL AUTOR

Si deseas alcanzar el éxito en las Ventas Apalancadas, no hay sobre la faz de la Tierra alguien más calificado que Randy Gage para ayudarte con eso.

Un ícono de la profesión que ayudó a introducir el negocio en muchos países en desarrollo y ha formado a las personas con más altos ingresos de una docena de empresas. Su fortaleza es que enseña desde la experiencia adquirida en el mundo real, donde ganó millones de dólares como distribuidor y construyó un equipo de más de doscientas mil personas. En el año 2014, fue la primera persona en entrar al Salón de la Fama de la Venta Directa.

Es autor de doce libros traducidos a más de veinticinco idiomas, incluyendo los Best Sellers del New York Times "Risky is the New Safe" y "Mad Genious". Ha disertado ante más de dos millones de personas en más de cincuenta países, lo que le significó la inclusión en el Salón de la Fama de Oradores.

Cuando no está sobre el escenario o encerrado su solitario ático de escritor, lo más seguro es que lo encuentres jugando en la tercera base de un equipo de softball de algún lugar.

DEFCON 1
VENTA DIRECTA

Se terminó de imprimir en enero del 202
en los talleres de Editora y Distribuidora Multilibros S.A. de C.V.

www.ingramcontent.com/pod-product-compliance
Lightning Source LLC
Chambersburg PA
CBHW031621210526
45464CB00004B/1681